新文科建设：以文化人系列丛书

U0461360

润物细无声

学生社区文化育人

崔光军 朱 磊 李 超
王 岩 胡 敏 等编著

重庆大学出版社

图书在版编目(CIP)数据

润物细无声：大学生社区文化育人 / 崔光军等编著.
重庆：重庆大学出版社，2024. 8. --（新文科建设：
以文化人系列丛书）. -- ISBN 978-7-5689-4715-2

Ⅰ. G645.5

中国国家版本馆 CIP 数据核字第 20243LQ109 号

润物细无声——大学生社区文化育人

RUNWU XIWUSHENG——DAXUESHENG SHEQU WENHUA YUREN

崔光军 朱 磊 李 超 王 岩 胡 敏 等编著
策划编辑:张慧梓
责任编辑:夏 宇　版式设计:唐启秀
责任校对:谢 芳　责任印制:张 策
*
重庆大学出版社出版发行
出版人:陈晓阳
社址:重庆市沙坪坝区大学城西路 21 号
邮编:401331
电话:(023)88617190　88617185(中小学)
传真:(023)88617186　88617166
网址:http://www.cqup.com.cn
邮箱:fxk@cqup.com.cn(营销中心)
全国新华书店经销
重庆正文印务有限公司印刷
*
开本:890mm×1240mm　1/32　印张:9.375　字数:212 千
2024 年 8 月第 1 版　2024 年 8 月第 1 次印刷
ISBN 978-7-5689-4715-2　定价:48.00 元

总序

以文化人 生生不息

——新文科建设：以文化人系列丛书总序

四川外国语大学党委书记　邹　渝

　　四川外国语大学（Sichuan International Studies University，SISU），简称"川外"，位于歌乐山麓、嘉陵江畔，是我国设立的首批外语专业院校之一。古朴、幽深的歌乐山和清澈、灵动的嘉陵江涵养了川外独特的品格。学校在邓小平、刘伯承、贺龙等老一辈无产阶级革命家的关怀和指导下创建，从最初的中国人民解放军西南军事政治大学（以下简称"西南军政大学"）俄文训练团，到中国人民解放军第二高级步兵学校俄文大队，到西南人民革命大学俄文系、西南俄文专科学校（以下简称"西南俄专"），再到四川外语学院，至2013年更名为四川外国语大学。学校从1979年开始招收硕士研究生，2013年被国务院学位委员会批准为博士学位授予单位，2019年经人社部批准设置外国语言文学博士后科研流动站。学校在办学历程中秉承"团结、勤奋、严谨、求实"的优良校风，弘扬"海纳百川、学贯中外"的校训精神，形成了"国际导向、外语共核、多元发展"的办学特色，探索出一条"内涵发展，质量为先，中外合作，分类培养"的办学路径，精耕细作，砥砺前行，培养了一大批外语专业人才和复合型人才。他们活跃在各条战线，为我国的外交事务、国际商贸、教学科研等各项建设作出了应有的贡献。

　　经过七十三年的发展，学校现已发展成为一所以外国语言文学学科为主，文学、经济学、管理学、法学、教育学、艺术学、哲学等协调发展的多科型外国语大学，具备了博士研究生教育、硕士研究生教育、本科教育、留学生教育等多形式、多层次的完备办学体系，主办了《外国语文》《英语研究》等有较高声誉的学术期刊。学校已成为西南地区外语和涉外人才培养以及外国语言文化、对外经济贸易、国际问题研究的重要基地。

进入新时代，"一带一路"倡议、"构建人类命运共同体"和中华文化"走出去"等国家战略赋予了外国语大学新使命、新要求和新任务。随着"六卓越一拔尖"计划2.0（指卓越工程师、卓越医生、卓越农林人才、卓越教师、卓越法治人才、卓越新闻传播人才教育培养计划2.0和基础学科拔尖学生培养计划2.0）和"双万"计划（指实施一流专业建设，建设一万个国家级一流本科专业点和一万个省级一流本科专业点）的实施，"新工科、新农科、新医科、新文科"建设（简称"四新"建设）成为国家高等教育的发展战略。2021年，教育部发布《新文科研究与改革实践项目指南》，设置了6个选题领域、22个选题方向，全面推进新文科建设研究和实践，着力构建具有世界水平、中国特色的文科人才培养体系。

新文科建设是文科的创新发展，目的是培养能适应新时代需要、能承担新时代历史使命的文科新人。2020年11月3日，全国有关高校和专家齐聚中华文化重要发祥地山东，共商新时代文科教育发展大计，共话新时代文科人才培养，共同发布《新文科建设宣言》。这里，我想引用该宣言形成的五条共识。

一是提升综合国力需要新文科。哲学社会科学发展水平反映一个民族的思维能力、精神品格和文明素质，关系到社会的繁荣与和谐。

二是坚定文化自信需要新文科。新时代，把握中华民族伟大复兴的战略全局，提升国家文化软实力，促进文化大繁荣，增强国家综合国力，新文科建设责无旁贷。为中华民族伟大复兴注入强大的精神动力，新文科建设大有可为。

三是培养时代新人需要新文科。面对世界百年未有之大变局，要在大国博弈竞争中赢得优势与主动，实现中华民族复兴大业，关键在人。为党育人、为国育才是高校的职责所系。

四是建设高等教育强国需要新文科。高等教育是兴国强国的"战略重器"，服务国家经济社会高质量发展，根本上要求高等教育率先实现创新发展。文科占学科门类的三分之二，文科教育的振兴关乎高等教育的振兴，做强文科教育推动高教强国建设，加快实现教育现代化，新文科建设刻不容缓。

五是文科教育融合发展需要新文科。新科技和产业革命浪潮奔腾而至，社会问题日益综合化、复杂化，应对新变化、解决复杂问题亟须跨学科专业的知识整合，推动融合发展是新文科建设的必然选择。进一步打破学科专业壁垒，推动文科专业之间深度融通、文科与理工农医交叉融合，融入现代信息技术赋能文科教育，实现自我的革故鼎新，新文科建设势在必行。

为全面贯彻教育部等部委系列文件精神和全国新文科建设工作会议精神，加快文科教育创新发展，构建以育人育才为中心的文科发展新格局，重庆市率先在全国设立了"高水平新文科建设高校"项目，而四川外国语大学有幸成为重庆市首批"高水平新文科建设高校"项目三个入选高校之一。这就历史性地赋予了我校探索新文科建设的责任与使命。我们要立足"两个一百年"奋斗目标的历史交汇点，准确把握新时代发展大势、高等教育发展大势和人才培养大势，超前识变、积极应变、主动求变，以新文科理念为指引，谋划新战略，探索新路径，深入思考学校发展的战略定位、模式创新和条件保障，构建外国语大学创新发展新格局，努力培养一大批信仰坚定、外语水平扎实，具有国际化视野和国际治理能力的高素质复合型国际化人才。

基于上述认识，我们启动了"四川外国语大学新文科建设系列丛书"编写计划。这套丛书将收录文史哲、经管法、教育学和艺术学等多个学科专业领域的教材，以新文科理念为指导，严格筛选程序，严把质量关。在选择出版书目的标准把握上，我们既注重能体现新文科的学科交叉融合精神的学术研究成果，又注重能反映新文科背景下外语专业院校特色人才培养的教材研发成果。我们希望通过丛书出版，积极推进学校新文科建设，积极提升学校学科内涵建设，同时也为学界同仁提供一个相互学习、沟通交流的平台。

"新文科建设：以文化人系列丛书"是"四川外国语大学新文科建设系列丛书"中率先启动的部分。以"以文化人"的面目出现，充分体现了新文科建设中"价值引领"的极端重要性，凸显了"价值引领"在新文科建设中的牵引作用。

这是因为：文化自信是实现中华民族伟大复兴的精神力量。社会主义核心价值观是文化最深层次的要素，文化自信在根本上取决于社会主义核心价值观的生命力、凝聚力、引领力。围绕举旗帜、聚民心、育新人、兴文化、展形象的使命任务，大力推动中华优秀传统文化创造性转化、创新性发展，培育践行社会主义核心价值观，高等文科教育作为培养青年人自信心、自豪感、自主性的主战场、主阵地、主渠道，坚持以文化人、以文培元，大力培养具有国际视野和国际竞争力的时代新人，新文科建设任重道远。

"新文科建设：以文化人系列丛书"由我校二级教授、当代中国研究院首席研究员，重庆市文化软实力研究中心主任，原党委常委、纪委书记苟欣文教授领衔，组织我校中青年教学科研骨干担纲，围绕"以文化人"主题，分别从时代使命、红岩精神、世界多元文化、中华优秀传统文化、电影节展文化、校史文化、大学生社区文化等角度切入，比较全面、深入地总结了我校文化育人的成果。同时，本系列作为苟欣文教授负责的重庆市高校思想政治教育"十大育人"精品项目"文化育人"类型唯一立项的"构建'八大平台'，把'双红基因'和'多元文化'融入'三全育人'实践体系"课题的最终成果，还比较好地兼顾了兄弟高校在文化育人方面取得的成果。

本项目从立项到出书，历时三年有余。

如今，交由重庆大学出版社公开出版的本系列共包括七本：

《愿化青春成利剑——时代使命育人》（林移刚等编著）；

《千秋青史永留红——红岩精神育人》（苟欣文等编著）；

《各美其美 美美与共——世界多元文化育人》（朱天祥等编著）；

《国学根柢 世界眼光——中华优秀传统文化育人》（薛红等编著）；

《光影沁润心灵——电影节展文化育人》（丁钟编著）；

《海纳百川 学贯中外——校史文化育人》（官晴华等编著）；

《润物细无声——大学生社区文化育人》（崔光军等编著）。

本系列着重理论成果向实践路径的转化，至于学术原创，或许并非作者们的初衷。各位编写老师坚持这一明确定位，保证了这个系列成果在同类教材中的独特价值。这条路子是正确的，广大师生是会认可并喜欢上这套选题独到、装帧典雅、文字鲜活、图文并茂的参考教材的。

《周易》云："观乎天文，以察时变；观乎人文：以化成天下。"这是中国文化传统中"文化"和"人文"这两个概念最早的出处。

文化最终就是要"人文化成"。在现代社会,"文化"演化成了一个名词,但实际上,文化原本是一个动词,它的落脚点就在这个"化"字上。无论是感化,还是教化,都体现了文化的本身价值和社会功能。以文化人才是正解。

探索以文化人是一项长期而艰苦且正在行进中的工作。客观地讲,本系列目前还只是一个阶段性的成果。尽管编者们已尽心尽力,但成果转化的空间仍然很大。尤其是书中提出的一些路径是否完全可行,还需要时间和实践验证。但无论如何,这是一个良好的开始,我相信以后我们会做得越来越好。

感谢重庆大学出版社领导和编辑对本系列的大力支持。由于时间仓促,且囿于我们自身的学识和水平,本系列肯定还有诸多不足之处,恳请方家批评指正。

以文化人,生生不息。

2023年6月18日
写于歌乐山下

序 | 用润物细无声精神探索大学生社区文化育人新途径

党的十八大以来，习近平总书记高度重视高校思想政治工作和青年学生成长成才，发表了一系列重要论述，强调"思想政治工作从根本上说是做人的工作，必须围绕学生、关照学生、服务学生"，"做好高校思想政治工作，要因事而化、因时而进、因势而新"。2019年，教育部积极贯彻落实习近平总书记重要讲话精神，全力推进高校"一站式"学生社区综合管理模式建设工作。这给高校思想政治教育工作改革创新指明了方向，明确了任务。

近年来，当代大学生呈现出知识信息量大、开放程度高、思想变化快、个体意识强等鲜明特点，他们面对激烈的学习、就业竞争和不良"亚文化"侵蚀，其中一部分心理素质比较脆弱的大学生，他们焦虑、"内卷"、"躺平"、"佛系"并存，加之三年疫情的影响，心理健康问题频发，传统的"一言堂式""填鸭式"教育方式已经远远不能适应当前高校思想政治教育工作的需要，亟须进一步改革创新。学生社区作为学生学习成长最稳定的区域，天然地成为课堂之外的重要教育阵地。

立足于新时代的背景特征和学生对象特质，四川外国语大学坚持以习近平新时代中国特色社会主义思想为指导，立足于外语院校国际化人才培养需求，积极探索学生社区文化育人新路径，努力增强思想政治教育的针对性、实效性。学生社区文化育人项目——"川外学生之家"自启动以来，坚持"全员、全方位、全过程"育人理念，围绕"聚焦学生、服务学生、引领学生"工作原则，以培养德智体美劳全面发展的社会主义合格建设者和可靠接班人为目标，探索五育背景下"12356"学生社区文化育人模式，以"川外学生之家"功能型特设党支部为党建引领核心，以线上线下"川外学生之家"社区家园建设为依托，突出建设"培根铸魂，坚定理想信念；启智润心，加强品德修养；夯基筑本，培养奋斗精神"三大目标，协同多方以"德"定方向、"智"长才干、"体"健身躯、"美"塑心灵、"劳"助梦想，"五位一体"促进学生成长，涵育"思想引领进社区、红色文化进社区、优良学风进社区、健康心灵进社区、朋辈互助进社区、文明涵养进社区"等六大主题活动，形成了具有一定实践价值和推广意义的"12356"社区文化育人模式，全面统筹推进育人阵地建设、育人力量积聚、育人服务提升、育人氛围营造，实现社区文化更有温度、更有力度、更有效度，有效构建起学生社区"三全育人"格局，实现润物无声的育人效果。

四川外国语大学学生社区是在有限的宿舍园区空间，发挥最大限度的育人实效，让学生社区成为思想政治育人工作的主要阵地，同时也是新时代"一站式"社区建设的重要课题。在学校党委领导的高度重视下，经多次调研部署，校领导实地考察，"川外学生之家"已正式开放。各学院师生积极参与，实现从学习交流共享到活动主题分享，成为课后育人的一方宝地。

唐代著名诗人杜甫在《春夜喜雨》中曾这样描述："好雨知时节，当春乃发生。随风潜入夜，润物细无声。"描绘了一种育人的至高境界。我们的大学生社区文化建设，如果能遵循这样一条路子，大概率会产生更加良好的育人效果。这是我们追求的目标，也希望这个目标在不久的将来会变成现实。

目录

机制篇

案例篇

展望篇

润物细无声

SISU

大学生社区文化育人

01

第一章

模式篇

学生社区内涵

第一节

"社区"的界定

　　汉语中"社区"一词最早源于德文"Gemeinschaft"（通常译为"共同体、团体、集体、公社"等）。1887年，德国社会学家滕尼斯在 Community and Society 一书中提出"社区"和"社会"的概念，诠释了近代社会整体变迁趋势下人类群居生活的两种不同组织形式。滕尼斯认为，"社区"是拥有血缘身份、伦理纽带、情感关系的传统乡村同质人口组成，是具有相同的习俗观念和文化意识的社会团体，更多地强调成员之间的密切关系以及成员在社区内的认同感和归属感。

　　随着社会工业化和城市化进程的加快，国外越来越多的社会学家开始研究滕尼斯提出的"Gemeinschaft"概念。20世纪20年代，美国社会学家将德文"Gemeinschaft"翻译成英文"Community"（通常译为"团体、社区、群落、共同体"），意味着"社区"概念进入美国社会学领域，学者将"Community"问题作为研究重点，对美国的社区进行发展研究并强调其地域性和组织制度性特征。20世纪30年代，"Community"被引入中国，燕京大学社会学系费孝通等人首次将其翻译为"社区"，受到业内认可并成为通用语，从此成为社学会研究的基层行政单位。基于国内外社区结构的多元化、社区功能的多样化特征，学者们对"社区"的内涵和外延在认识和界定上各有千秋。有的学者从社会群体生活过程的角度界定"社区"，认为"社区是具有共同信念的人在共同生活的过程中所构成的群体"；有的学者从社会系统、社会功能的角度界定"社区"，认为"社区是享有共同利益和共同功能的人组成的群体"；有的学者从地理区划（自然与人文）的角度界定"社区"，认为"社区是居住在一定地域的人共同生活且自治的共同体"；还有学者从归属感、认同感及社区参与的角度来界定"社区"。总而言之，社区具有四个基本特征：地域要素、人口要素、结构要素和文化心理要素。尽管国内外社会学者从不同角度对"社区"进行了界定，实际上，这些界定可以归为两类：一类倾向于社区的人群特征，强调社区成员具有共同的利益价值和精神纽带，即人群（精神）的共同体；一类倾向于社区的地域特征，是指在一个地区内共同生活的人群，即地域的共同体。

从本土化研究的角度来看，我国社会学研究倾向于将社区与社区服务、社区建设联系在一起。为了有效解决20世纪80年代后期社会转型期间频发的各类社会矛盾，我国在城市基层全面开展了一系列便民利民社区服务工作。结合实际国情，我国于1991年提出了具有本土特色的社区建设概念，目的在于充分调动基层力量，促进人民群众与基层组织的有机结合，强化"社区人"意识，进一步发展和完善基层社区服务功能，推动基层社区服务走深走实，不断探索社区建设新路径、社区服务新内涵。自2006年起，我国颁发了《国务院关于加强和改进社区服务工作的意见》《社区服务体系建设规划（2011—2015年）》《"十四五"城乡社区服务体系建设规划》等一系列有关社区服务体系建设的有关文件，不断坚持以人民为中心，完善社区服务体系建设，强化社区为民、便民、安民功能，推进基层治理现代化，增进人民福祉。

在互联网迅速发展的当下，相较于传统型实体社区，网络上兴起了"虚拟社区"。它同样具有实体社区的基本要素：①地域要素：具有稳定的网络活动空间，例如各类聊天软件、聊天工具、公众号交流平台等；②人口要素：具有一定规模的网民，针对不同年龄、性别、文化程度、行业（职业）、区域、语言类别等；③文化心理要素：具有共同意识与价值认同；④结构要素：具有特定的群体或组织。"虚拟社区"实现了人与人之间跨时空的交往与互动，形成了共同认可的文化心理意识和价值倾向，遵循共同的交往方式、行为规范等。因此，"虚拟社区"更强调价值观念的契合，是一种精神共同体，也是一种新型人际关系模式。

第二节

学生社区的概念

　　随着高等教育改革的深化，高校后勤社会化和学分制改革不断推进，教育管理模式也从以传统班级为主向以学生社区为主转变，学生社区承载了独特的育人功能。高校学生社区是指学生在校园内学习和生活的场所，表现为一种社会化过程。学生群体所形成的共同文化心理、文化意识和文化归属是学生社区的精髓和实质。从"社区"特征来看，学生社区满足地域要素，即具有固定的地理环境和生活空间；满足人口要素，即具有稳定的同质性学生群体；满足结构要素，即具有特定的组织机构；满足文化心理要素，即具有共同的文化认同和价值取向。学生社区既包括实体社区，主要表现为线下学生学习生活园区，又包括虚拟社区，主要表现为线上学生互动交流平台。

　　学生社区可以视为一个场域，可以定义为位置关系间的一个网络，是由各主体间依照特定的逻辑规则共同组建的，是社区个体成员参与社会活动的主要场所。场域既包括物理环境，也包括成员的言行及彼此相连的诸多因素，学生成员的思想和行为均受场域影响。学生社区可以视作一个社会系统，突出学生社区作为一个协作组织的特性，强调学生个体只有在一定相互作用的社会关系下与他人协作才能发挥作用，揭示了学生社区的整体性、关联性、层次性、开放性、动态性和自组织性。从地域共同体的角度来看，学生社区具有鲜明的地域特征，深受高校所在城市和地域文化的影响；从精神共同体的角度来看，学生社区成员共同追求文化认同和归属，趋向于共同的价值观养成。

学生社区是高校青年学生温馨生活的舍园、求知探索的学园、放飞心灵的乐园、成长成才的家园，是一个充满生命张力的场所。一般而言，高校学生社区具有以下特征：一是群体特征的统一性。大学生群体年龄集中在18~25岁，具有高学历、高敏锐度、强判断力、强是非观，遵循共同的目标、群体意识和规范。二是思维范式的发展性。大学生思维深受多元文化互联互通的影响，善于捕捉时代发展与变化，世界观、人生观和价值观逐步确立。三是行为方式的仿效性。大学生主体间的行为仿效是一种积极的、具有创造性的学习过程，极易形成带动效应，有利于彼此间取长补短。四是生活模式的交互性。基于共同的生活环境，大学生主体间存在生活习惯、兴趣爱好、发展路径等方面的相互影响。五是心理特征的多样性。在价值多元的社会背景下，大学生心理发展呈现多样化特征，个体独立性越发明显。

随着高校育人理念的不断改进与创新，学生社区已从传统意义上的空间型社区转变为新时代背景下的发展型社区，倾向于一种启发式、互动式、体验式和养成式教育。高校在推动教育主体形成全员育人合力的基础上，将思想政治教育融入学生社区教育、管理与服务的全过程，与党建团建教育、先进文化教育、多语种浸润教育、学术学风教育、专业竞赛教育、创新创业教育、实习实践教育等全方位有机结合，注重显性教育与隐性教育的融合。学生社区的作用体现在两个方面：一方面有利于充分发挥引领青年、围绕青年、凝聚青年、服务青年的作用，满足大学生成长发展的个性化需求；另一方面，有利于促进大学生自我管理、自我教育、自我服务和自我监督意识的形成，适应社会化过程。

学生社区作为大学生学习生活与互动成长平台，是新时代高校思想政治工作创新实践的重要阵地，是促进高质量思想政治工作发展的重要载体。身处互联网日益更新的新时代，学生社区的实体社区和虚拟社区均在大学生思想政治教育和学生成长过程中发挥着不可替代的作用，二者相互联系、相互影响、相互促进。线下学生园区是思想引领的阵地、自我管理的平台和服务成长的窗口，在党员示范、朋辈互助、成长指导、诉求办理、办事咨询、文明涵养等方面激发育人活力、创造发展动力。线上网络社区既是学生事务办理的网络平台，可以实现便捷且规范的流程化操作，满足学生管理的基础需求，又是网络思政育人的有力抓手，在互联网作为信息传播主渠道的新时代，致力于创作掷地有声的网络文化作品，发挥无形思政育人力量，同时，积极引领网络风向，营造风清气正的网络环境，输送正能量和主旋律文化。线上社区与线下园区相结合，协同探索强有力的育人路径。

学生社区的功能

学生社区是践行大学生思想政治显性教育与隐性教育相结合的重要平台，集党建团建、教育教学、文化传承、创新创业、实习实践于一体，具有思想性、互动式、便捷化的特点，深入学生群体，在高校教育、管理、服务和监督中发挥着不同层面的功能，致力于打通高校育人"最后一公里"。

一、基于高校学生的教育培养，学生社区具备教育、管理、服务和引领方面的核心功能

（一）教育功能是学生社区平台的中心

学生社区平台根据教育教学特点和学生成长成才需求来整合各类教育资源，邀请专业教师、行业专家、优秀毕业生等高端人才为在校学生提供思政类、专业类、实践类、创业类等微课、讲座、沙龙、工作坊等教育资源，激发学生根据个人兴趣爱好或发展需要选择相应教育资源进行学习，打破传统型教室教学模式，将课堂深入学生学习生活的园区，进而强化育人效果。

（二）管理功能是学生社区平台的重心

基于庞大的学生群体，学生社区平台具有很大程度上的管理职能。学生社区平台分为线上和线下两个空间，对于线上空间，学生社区致力于打造清朗的网络空间，引导学生正确获取网络资讯、遵守网络文明公约，养成文明上网的习惯。对于线下空间，一方面，学生社区存在众所周知的平台使用规则，例如，宿舍、食堂、超市、学生自习室、快递服务中心等；另一方面，学生社区通过自治和他治的融合，对整个校园宏观和微观方面的管理起着监督和促进作用，完善育人机制。

（三）服务功能是学生社区平台的核心

学生社区平台的建立，旨在为广大在校学生提供更加便捷的校园服务，例如，"一站式"学生社区平台包含线上"办事大厅"，涵盖各类学生事务的相关处理流程和管理办法，实现"一键式"提交并审批；线下"学生之家"，为学生提供教育课堂、便捷自习、自助快递、多功能活动室、党员示范岗、心理健康中心等特色服务，促进自我服务与服务他人相结合，激发学生自主自愿意识，同时在服务中教育人、管理人，起到"春风化雨、润物无声"的效果。学生社区平台服务功能的本质在于平衡好与学生之间的关系，做到让学生信赖、让学生成才。

（四）引领功能是学生社区平台的初心

学生社区平台的建立围绕"立德树人"这一根本任务，通过学生社区平台，开展具有思想性、学理性、实践性、针对性、趣味性等思想政治教育活动。基于大学生所关心的学业困惑、生活困难、社交困窘、就业困境、发展困扰等问题，充分挖掘育人要素、整合育人资源、凝聚育人合力、拓展育人形式，深化思想引领功能，帮助大学生成长为有理想信念、有道德情操、有扎实学识、有仁爱之心的新时代青年。

二、基于高校学生参与社区构建方面，学生社区还具备自治功能、互治功能和互通功能

（一）自治功能

学生社区平台的一大特点是关注学生和围绕学生，即学生既是服务对象又是大学校园的服务使者。学生社区充分发挥学生自治原则，引导学生主动转变角色和身份，在参与学生社区平台建设中涨知识、长才干、练本领，增强主人翁意识，促进自我管理和自我监督。

（二）互治功能

学生社区平台通过学生的加入、参与和互动，将朋辈教育落细落实，落到学生心中。学生之间相互学习、相互帮助、相互监督、相互分享，扬长补短，在一个个生动的成长案例中汲取营养，潜移默化地提升彼此的思想认知和能力素养，形成一种强大的朋辈帮扶力量。

（三）互通功能

学生社区作为学校与学生之间的沟通桥梁，发挥着重要的纽带作用。学生通过社区平台反映诉求，为学校发展建言献策，学校据此向学生答疑解惑，进行生动的思想政治教育，拉近学生与学校之间的心理距离，增进彼此之间的感情，创造更融洽的教书育人环境。

三、基于高校学生的日常需求，学生社区的功能可划分为学习功能、生活功能和社会功能

（一）学习功能

学生社区围绕学风建设，为学生提供多功能自习室和学习中心，培养学生的自律意识和自主学习习惯；同时，通过邀请课程专业教师指点迷津，帮助学生掌握学习方法，提升学习效果。

（二）生活功能

为了提升在校学生的幸福指数，学生社区将学生所需基本生活服务搬迁至社区内，在满足学生基本生活需求的同时，不断地为学生提供更便捷、更优质的服务，增强学生的满足感和归属感。

（三）社会功能

学生社区为在校学生提供实习实践、勤工助学的平台和机会，鼓励学生积极参与社会活动、体验社会角色，了解融入社会必备的职场法则并掌握基本的生存技能。

从实践来看，学生社区影响着在校学生的价值观和社会实践。学生社区的功能总结为两个方面：一方面，健全学生社区建设、完善学生社区服务，提升高校管理育人、服务育人效能；另一方面，学生通过参与学生社区的构建、丰富学生社区的内涵，从而增长见识、增进认知，成为更好的自己，实现学生与学生社区的良性互动。

学生社区的发展

　　学生社区的概念随着时代的发展和科技的进步不断拓展，逐渐形成"一站式"高校学生社区综合管理模式。"一站式"本意是指一步到位的便捷服务，起源于西方国家政府部门的公共管理改革，人们称为"一站式政府服务机构"。20世纪90年代，随着信息技术的发展，"一站式"服务在英国、德国、加拿大等国的商业领域发展起来。2002年11月，英国大学联合会首次将"一站式服务"概念引入学校师生事务工作并建立一站式服务平台，从此一站式服务平台建设在各高校兴起，成为高校的综合信息门户；英国高校管理的重心在学校层面，学生服务中心的主任直接向校长负责；工作内容凸显服务功能，以尊重学生为主；工作主体由专门的工作人员负责，具有稳定的职业化和服务技能的专业化特点；工作对象直接面对全体学生，具有"以面带点"的特点，实现对学生的直接管理。

　　随着国内高等教育日益普及化，高校的教育理念不断与时俱进，传统的班级制管理模式已不能满足多元化教育目标、多样化教育方式以及教育对象学习生活、实习实践、人际交往等方面的需求。本着"以生为本"和"学生在哪里，思想政治教育工作就扎根在哪里"的原则，学生社区平台受到广泛关注，"一站式"学生社区也随之引进国内。截至目前，国内高校"一站式"学生社区的研究仍处于起步阶段，研究视角较为单一，研究案例也不够丰富。通过对比，中外高校学生事务"一站式"服务存在管理模式、工作内容、工作主体和工作对象等方面的差异。在新形势下，高校"一站式"学生社区综合管理模式不断创新，国内关于"一站式"学生社区的研究，可以总结为以下三个方面：

一、理论视角

研究采用的理论视角主要包括业务流程管理、场域理论、自我统一性发展理论、整体性治理等，从不同视角切入研究高校"一站式"学生社区的思想政治教育功能。

二、模式研究

目前，国内对高校"一站式"学生社区的研究主要集中在宏观理论概述方面，厘清"一站式"学生社区的内涵、缘起、逻辑思路和构建路径，并针对学生社区建设提出合理方案，重点阐释"一站式"学生社区综合育人的价值内涵、现实困境和优化路径，分析高校"一站式"学生社区教育管理体系构建的背景和价值、现实与困境以及构建策略，并指出机制、队伍、职能等方面的不足等问题。

三、案例分析

目前部分研究着眼于个案分析，重点介绍部分高校"一站式"学生社区建设及运作的考察结果，指出问题并提出改进意见，诠释学生社区建设试点的不同模式和类型。例如，西安交通大学的书院制、浙江大学的低年级实体化建设、厦门大学的学生社区功能型党支部等，并明确不同模式的核心在于不同场域下的"一核多方"组织管理体系。

学生社区是以线下学生舍区和线上互动平台为主体打造的学习型、服务型、成长型新型社区，为培养德智体美劳全面发展的社会主义建设者和接班人提供有效载体。学生社区的建设通过整合校内外的组织、管理与服务，从而更好地满足学生多元化、个性化的发展需求。高校"一站式"学生社区综合管理模式以"解决学生实际问题，维护学生合法权益，助力学生健康成长"为宗旨，以"党员示范、朋辈互助、成长指导、诉求办理、办事咨询"为方向，由"方便管理者"向"方便学生"，由"统一供给"转向"个性化服务"，不断完善引领育人、管理育人、服务育人机制，搭建集教育、管理与服务于一体的新型学生工作平台，着力打造以学生需求为导向的支持服务体系。另外，部分高校通过整合全校资源、重构服务模式，采用"一站式"网上办事大厅，一方面为各部门提供通用、统一、具有扩展性的业务流程管理平台；另一方面为全校师生提供在线办理各类事务的统一入口，提供"一站式"、智能化的网上办事体验。

Sichuan International Studies University

第二章

学生社区
管理模式

第一节

学生社区管理模式建设的现状

　　实施"一站式"学生社区综合管理模式建设，是深入贯彻党的教育方针，学习贯彻习近平总书记关于教育的重要论述，适应新时代新形势新情况、改进和加强高校大学生思想政治教育工作的重要体制机制创新。2019年10月，教育部根据"2019年高校党建重点推进的十项工作任务"安排，遴选确定北京航空航天大学等10所高校开展"一站式"学生社区综合管理模式建设首批试点工作。2021年7月，为深化"一站式"学生社区试点工作，教育部将"一站式"学生社区综合管理模式建设试点范围扩大至31所高校。

　　教育部发起的"一站式"学生社区试点工作是深入推进"三全育人"的重要举措。教育部思政司对试点工作的基本要求：一是党建引领，形成党委统一领导、部门牵头、有关单位各负其责、全员协同配合的工作格局；二是学生参与，建立学生自我管理、自我服务组织，组织学生参与社区建设、楼宇管理，建立健全长效机制；三是队伍入驻，学校、部处、院系领导干部带头践行"一线原则"，优秀专任教师、专职辅导员、专业力量、其他育人队伍各展所长；四是条件保障，打造公共物理空间、服务平台，做好政策保障。试点工作着力将学生社区打造为学生党建前沿阵地、"三全育人"实践园地、平安校园样板高地，创造新时代高校版"枫桥经验"。

全国高校思想政治工作网的"一站式"学生社区综合管理模式建设试点工作云平台阶段性成果专栏展示了北京航空航天大学、浙江大学、厦门大学、西安交通大学、东北大学、华南理工大学等10所试点高校的建设成效。其中，北京航空航天大学成立学生社区综合管理模式改革试点工作领导小组，注重人才培养顶层设计，建立"三横三纵"学生工作体系，根据信息大类、文科大类、航空航天大类和理科大类分别成立士谔书院、传源书院、知行书院、冯如书院、士嘉书院、守锷书院和致真书院；实行"引导家国情怀、辅导人生规划、指导学习科研、潜导做人做事、教导善用资源、疏导心理疑惑"的六大学业导制，定期开展导学活动；创建"学习日"机制，开展"小伙伴计划"、"梦拓"朋辈辅导计划等；建成师生综合服务大厅，设立党团活动室、师生研讨室、微型图书馆和学生自治空间，打造单元式住宿新模式等，全方位宽领域做好"一站式"学生社区建设。

西安交通大学倡导"党建引领、知行兼修、师生共处、因材施教"的社区育人生态，构建党委领导、党政齐抓共管、学院书院协同推进，职能部门共同参与的工作格局。学校以9所特色书院为载体，将党支部建在学生学习生活一线，文治书院开展党建工作"一二三四"系统工程，励志书院实施党建工作"3+7+X"方案："三计划""七举措""X特色"，突出党建引领，加强阵地建设；邀请学业导师进驻，文治学院举办"青交说""文以载道""双青十月谈"等活动，南洋学院开展"南洋大讲堂",仲英书院坚持"培优扶困"理念,励志学院搭建"励学兰台",全方位指导学生发展;开展书院品牌特色活动,南洋学院注重"以赛促学,构建科创载体""依托综能,提升科创能力""打造品牌,营造科创氛围",崇实学院搭建"五级阅读架构",启德书院开展"明德学堂""知新讲坛"等,宗濂书院成立"同心圆"辅导员工作室,不断释放"一站式"学生社区建设的活力。

教育部思想政治工作司曾指出:两年来,各试点高校认真落实主体责任,从党建引领、管理协同、队伍进驻、服务下沉、文化浸润、自我治理等方面,加强学生社区综合管理,推动党的建设、思政力量、管理力量、服务保障等深入学生一线,初步打造了富有中国特色、体现思政要求、贴近学生实际的生活园区。在试点工作研究课题组年度工作研讨会上,专家表示"全国有近千所高校开展'一站式'学生社区综合管理模式建设,成为中国特色高校治理体系下学生管理模式改革的突破口"。截至2022年7月,已有610所高校在云平台进行试点工作展示,10期问学交流活动,25篇公众号专栏文章,5000多篇风采展示活动材料。由此可见,"一站式"学生社区综合管理模式建设试点工作致力于面向全国形成可推广、可复制、可优化的经验和模板,进一步推动全国高校在学生社区育人方面找准新方向、探索新路径、挖掘新特色、实现新突破、取得新成效。

学生社区管理模式建设的原则

学生社区平台建设是新时代高校落实"三全育人"的重要载体，依托学生社区平台，高校实行多主体全员育人、宽领域全过程育人、深层次全方位育人。学生社区管理主要遵循以下原则：

一、坚持党建引领，凝聚育人共识

学生社区平台管理模式建设必须坚持以马克思主义为指导，深入学习贯彻习近平新时代中国特色社会主义思想，全面贯彻党的教育方针，把立德树人作为根本任务和中心环节，把思政工作贯穿教育教学全过程，将高等教育回归到"培养什么人、怎样培养人、为谁培养人"的根本问题上，把握新时代学生社区管理模式的方向和灵魂，以党建引领社区育人新格局。

二、坚持服务为本，牢记育人初心

学生社区管理模式本着"以生为本"的理念，守服务初心、担育人使命，心系广大青年，以广大学生的根本诉求为出发点和落脚点，充分发挥社区组织动员青年、联系青年以及维护青年合法权益等方面的桥梁和纽带作用；同时，学生社区应强化服务主动、个性服务的意识，优化服务模式，为学生办实事、与学生做朋友，不断夯实信任基础、汇聚青年力量。

三、坚持以文化人，筑牢育人根基

学生社区是传播优秀校园文化的重要基地，肩负着引导学生树立文化自觉、坚定文化自信的使命。学生社区以着力开展中华优秀传统文化、革命文化、社会主义先进文化教育，"四史"教育和"五育"教育为核心，坚持不懈地培育学生的社会主义核心价值观，坚持不懈地增强学生的中华民族认同感，坚持不懈地筑牢学生的思想根基，激励广大学生成为社会主义先进文化的坚定信仰者、积极传播者、模范践行者。

四、坚持协同育人，形成育人合力

学生社区管理模式积极落实"三全育人"的要求，主动引进校内外各类育人主体，推动各级育人力量下沉社区，发挥育人主体的职能和优势，整合资源、创新形式、协同联动、技术赋能，汇聚协同育人共识、建立协同育人机制，完善"一站式"信息化网络平台建设，畅通信息采集、传递和反馈渠道，聚合全员育人师资力量，打造学生社区育人共同体，推动学生社区育人一体化建设向纵深层次发展。

五、坚持特色鲜明，发挥育人优势

学生社区管理模式的构建根植于高校的办学方向、育人方针和本体职能，深入挖掘科学研究、人才培养、文化传承创新、服务社会、国际交流合作等方面的特殊理念、特色做法、特别人才，明确方向、发挥优势，与时代发展相结合、与本校实际相结合、与学生成长相结合，探索不同高校具有自身特色的社区管理新路径，为全国高校学生社区综合管理模式高质量建设提供新模板。

六、坚持守正创新，拓展育人模式

学生社区管理模式建设步入新的发展阶段，为进一步打开学生社区管理新格局，需要借鉴好经验、学习好做法、固化好典型，向全国样板学生社区看齐；同时，也要立足于校情实际，求索新思路、摸索新实践、探索新模式，不断更新社区治理理念、提升社区治理能力、增强社区治理效能，更好地为高校社区育人注入新活力、增添新动力。

学生社区管理模式的优势

学生社区管理模式是新时代高校践行"立德树人"的重要实践，凝聚全员的教育力量，打造全过程的培养体系，拥有全方位的协同育人共同体，学生社区管理模式的探索是提升高校综合治理体系和治理能力现代化的必由之路。相较于传统学生管理模式，学生社区管理模式具有显著的育人优势，主要体现在以下几个方面：

一、贴近学生，遵循学生成长规律

学生社区管理模式的构建紧紧围绕学生、关照学生、服务学生、引领学生，充分体现"学生在哪里，思想政治教育就落在哪里"的育人理念。结合学生作为社区教育对象和教育主体的双重身份，促进学生在教育和自我教育中成长成才；结合学生社区线上线下的空间优势，有助于第一时间了解和掌握学生的所思所想所为，及时有效地进行思想引导、情感疏导、学业辅导、行为教导、就业指导等，全方位挖掘育人要素，创新育人形式，搭建育人平台，取得育人成效。

二、贴近时代，遵循同频共振规律

学生社区管理模式的构建符合时代要求、展现高校追求、满足学生需求，是新时代高校育人的创新举措和重要途径。学生社区管理模式坚持与时俱进、开拓创新，旨在加强学生社区引进体现时代特征的思想引入、文化供给、知识赋能、平台搭建，为学生茁壮成长培育丰沃土壤、提供充足养分，以学生崇尚追求的话语体系建立关系，用学生喜闻乐见的表现形式开展活动，在学生广泛活跃的网络空间传递正能量，进而引导学生主动与所处时代同频共振，积极融入国家发展与建设中去。

三、贴近生活，遵循遐迩一体规律

学生社区管理模式的构建根植于学生生活的环境和土壤，是高校把握教育发展规律、把握时代育人阵地的重要体现。从本质上看，高校的学生社区一方面体现了学生的学习、生活、交往、实践等方面的融合，要求学生具备并不断提升"在学习环境中生活、在生活环境中学习"的适应能力，有助于发展学生综合素质；另一方面体现了"个体"与"集体"的辩证统一关系，学生需根据集体生活规范来调整个体生活节奏，集体环境也需充分考虑个体特征，有利于促进学生间的取长补短、互帮互助、相辅相成，在个体意识和集体意识中达成某种平衡。

四、贴近课堂，遵循育人为先规律

学生社区管理模式将高校第一课堂、第二课堂、第三课堂、第四课堂有效地结合，将新时代思想教育、管理教育、心理教育、组织教育等全方位融入教育教学全过程。学生社区平台充分发挥第一课堂思想浸润、知识传授、经验分享等作用，通过第二课堂搭建跨专业、跨年级的互动舞台和实践平台，通过第三课堂形成行业导师入驻、业内专家指导的有效育人模式，同时，牢牢把握第四课堂主阵地建设，即校内外的网络课堂，弘扬主旋律、传递正能量，传播新青年的时代强音，创作学生喜闻乐见的文化作品。

五、贴近实际，遵循共同发展规律

学生社区管理模式充分尊重实际，努力满足多主体的发展要求。从学校角度来看，学生社区管理模式的构建有助于深化高校思想政治育人体制机制创新，为高质量思政工作提供新思路和新办法；从学生角度来看，学生社区管理模式"以生为本"，紧紧围绕学生成长成才方向赋能；从行政角度来看，学生社区管理一体化和下沉式建设，有助于育人资源和服务模式的统一整合，有利于打通育人"最后一公里"；从导师角度来看，学生社区平台赋予导师走近学生、了解学生、感染学生的机会，可以增进师生间的交流和感情，更好地实现育人效果。

第四节

学生社区管理模式建设的方向

学生社区综合管理模式建设工作是中国特色高校治理体系下学生管理模式改革的重要抓手和实现途径。教育部"一站式"学生社区试点工作的推进具有划时代意义,一方面展示了全国各高校在学生社区建设层面所付出的努力、总结的经验、创新的成果和取得的成效,同时,也从侧面不断地呈现当前高校学生社区管理模式所面临的困境和阻碍,以及依托学生社区平台大学生思想政治教育工作未来的发展方向。学生社区综合管理模式的建设主要包括以下几个方面:

一、发展更现代的教育培养理念

结合新时代德智体美劳发展要求,高校复合型、应用型人才培养目标,以及学生数字原住民、网络新生代等群体特点,不断更新现代化和针对性的"以生为本"理念,推进教育回归常识、回归本分、回归初心、回归梦想。

二、创新更科学的管理服务体制

通过信息化平台、数字化手段、智能化设备,重构管理与服务模式，凝聚更多元的力量下沉，释放行政管理和服务的活力，提升管理与服务的满意度，创设立体化的评价体系和考核办法，从根本上推进管理服务体制科学化发展。

三、完善更一体的协同育人体系

采取组织队伍、强化培训、统一规划、分级管理、协同建设等方式，搭建"一体化"育人师资，形成党团导师、学术导师、文化导师、行业导师、朋辈导师等多元力量下沉，全方位有效联动，推动一体化建设。

四、健全更有力的支撑保障机制

提供更加有力的人力、物力、财力支撑，打造更具特色的社区空间，提供更加适配的设施设备，进一步完善保障制度，组建更加高效的后勤队伍，为学生提供更贴心、更温暖的各类保障和服务，强化社区认同感。

Sichuan International Studies University

第三章

学生社区
文化育人

学生社区文化

学生社区文化是指在学生社区内传播的校园文化现象，包含学生群体的价值观念、行为规范、语言特征、生活习惯、心理趋向等。学生社区文化育人中的"文化"强调高校倡导的主流价值文化，即以大学生思想政治教育为核心，注重"五育"背景下德智体美劳等文化层面的涵育，重在文化浸润、逐渐养成的过程。

一、学生社区文化的特征

（一）时代性

高校是一个多元文化并存的重要场域，同时，高校的学生群体对新时代的精神演变、经济发展、社会进步具有较高的灵敏度、捕捉力和觉察感。他们作为学生社区文化的主导者和主要受众对象，社区所倡导的主流文化应呈现与时俱进、开拓创新的鲜明特征。

（二）多样性

高校注重通识教育普及、促进多元文化共生，包括不同教育主体、教育元素、教育目标、教育方式涵养出来的多样文化。例如，爱国主义文化、社会主义先进文化、多语文化、学术文化、创新文化、艺术文化等。同时，在主流文化之下，不同学生群体间发展着不同的群体子文化。

（三）生成性

学生社区文化是在学生群体所涉及的校园文化、社会文化、网络文化等多方面文化的基础上形成的复合型文化形态，它不是一成不变的固定模式，而是随多样主体和环境动态变化的以及动态更新的形态。正因为学生社区文化的生成性，学生社区才不断地呈现新的状态和活力，进而促进学生发展。

（四）互补性

一方面，学生社区文化是对学校文化内涵和外延的拓展与丰富；另一方面，学生社区内不同学生群体之间的文化不断地相互迁移、相互借鉴、相互补充，继而发展为更具生命力、引领性和影响力的主流文化价值。学生社区文化的互补性从侧面反映了学生群体的自我教育作用。

（五）过渡性

学生社区文化随着学生主体身份意识的不断转变而发展变化，从学生身份转变为学术人身份、职场人身份、社会人身份等，学生群体文化随之呈现不同阶段的过渡性。学生社区文化的过渡性体现了学生群体的发展性特征，对学生主体而言具有重要作用。

二、学生社区文化的分类

从学生社区文化的结构上看，学生社区文化可以分为以下几类：

（1）环境文化是学生社区文化的基础层面，表现为由社区成员共同创造和维护的自然环境与人文环境的有机结合，是学生社区精神具象化的体现。主要包括社区的学习空间、互动平台、文化设施、休闲场所、生活条件等，象征着社区成员的精神面貌、价值观念、理想与追求等外在形象。

（2）行为文化是学生社区成员在学习、生活、工作、交往等过程中产生的活动文化，一般是指在学生社区内的文化活动，表现为学生群体共性或个性的行为方式、行为特征、行为倾向和行为自觉等方面。行为文化反映学生社区的主流风尚、人际关系范式等文化特征，是社区精神的动态展现。

（3）制度文化是伴随学生社区成员在学习、生活、工作、交往等活动过程中构建的，与社区精神、社区价值观、社区理想等相适应的规章制度、组织机构等。制度文化反映学生社区所倡导的价值观念、道德准则、行为规范等方面，对社区成员具有一定的约束力和控制力，有助于保障社区文化持久、稳定、健康地发展。

（4）精神文化是学生社区文化的核心，是学生社区独具特色的意识形态和文化观念，包括社区精神、道德标准、价值观念、共同理想与目标、思想与行为范式等方面，在促进学生世界观、人生观、价值观形成方面具有重要作用。学生社区的环境文化、行为文化、制度文化都是精神文化的外在体现。

第二节

学生社区文化育人的理念

    学生社区是高校思想政治教育的重要阵地，也是落实文化育人的重要平台。学生社区文化育人依托学生社区平台，强调以"思想引领+文化供给"为主线，关键在"文"、核心在"育"，重点结合时代育人要求和学生成长需求，在学生社区空间凝聚多主体育人力量，探索浸润式、下沉式、场景式、主动式、体验式育人形式，旨在高校的多元文化浸润下开展具有思想性、时代性、针对性、亲和力的大学生思想政治教育。

    在新时代"五育并举"背景下，学生社区文化应侧重结合高等教育中"德、智、体、美、劳"五个层面的文化要素，重点实施"五育"教育，有助于将学生的全面发展和个性发展相结合，形成更高水平的人才培养体系。德育是实施各育的明确方向，侧重于引导学生拥有坚定正确的政治方向，具有良好的思想道德素质。智育是实施各育的认识基础，主要是传授科学文化知识，锻炼综合实践技能，增长智慧与才干。体育是实施各育的物质保证，重点在于发展运动能力，增强学生体质，养成良好习惯，提升身心健康。美育和劳育是德、智、体"三育"的充分展现和运用途径，具有启智、明德、润心、健体等功能。

学生社区文化的理念主要体现在以下几个方面：

一、文化育人

文化育人是学生社区育人的核心，注重以文化人、以文育人，结合文化育人的实质内涵、遵循文化育人的内在规律，客观认识和凝练文化育人的价值取向，对新时代大学生进行文化启发。深入开展中国传统文化教育、革命文化教育和社会主义先进文化教育，弘扬时代精神；优化校风学风，培育大学精神；邀请高雅艺术、非物质文化遗产等走进学生社区，向经典致敬，创建校园文化品牌，繁荣校园文化、涵养大学生社会主义核心价值观，起到"春风化雨、润物无声"的作用。

二、管理育人

管理育人强调把规范管理的严格要求与"春风化雨、润物无声"的教育方式结合起来，强化科学管理对道德涵育的保障功能，发挥管理环境在高校学生思想政治教育中的育人作用。全面引导学生遵守校规校纪、敬畏制度章程、健全自律公约、加强法治教育，营造治理有方、管理到位、风清气正的育人环境。同时，运用大数据系统进行精细化管理，扩展管理育人的维度，形成管理育人的合力，全方位培育学生的自觉性。

三、服务育人

坚持服务与育人相统一，强化服务意识、转变服务理念，梳理各类服务中承载的育人功能，明确育人职能，增强供给能力，注意平衡学生、学校、家长、社会等各类主体间的关系，体现服务的温情和温度。将解决实际问题与解决思想问题相结合，优先与学生建立关系，把握学生成长需求和发展需要，在关心、帮助学生的过程中注意发挥教育、引领作用，提供个性化靶向服务，促进青年学子主动学习、释放潜能、全面发展。

四、实践育人

坚持理论教育与实践养成相结合，整合各类实践资源、搭建多元实践平台、完善相关支持机制，强化价值导向、丰富实践内容、创新实践形式、构建科教融合、校企联合的协同实践育人体系。广泛开展社会调查、社会公益、志愿服务、勤工助学、实习实践等活动，着力培养大学生知行合一能力，引导学生在实践中增长知识见识、增强本领技能，在不间断的内外化转变中获得发展和成长，主动融入国家和社会建设中去。

五、网络育人

结合新时代信息化、数字化发展，牢牢把握互联网资源共享、超越时空、实时交互等优势，大力推进网络教育，丰富网络内容，净化网络空间，拓展网络平台，建强网络队伍，推动思想政治教育传统优势与信息技术高度融合，创作健康向上的网络文化作品，弘扬主旋律、传播正能量，引导学生增强网络安全意识，遵守网络行为规范，培养网络思维，提升网络文明素养，引领建设校园网络新媒体矩阵。

六、创新育人

　　创新创业教育融入高校人才培养体系是推进素质教育，提高人才质量，促进高等教育与经济社会发展紧密结合的重要途径，旨在培养学生的创新精神和创业所需的能力素质，以便更好地适应社会发展需要。创新创业教育与专业教育相融合，有利于引导学生在创新教育中巩固专业知识，在专业教育中提高创新能力，进一步激发学生的创新精神和创业意识，提高学生的创新创业能力。

第三节

学生社区文化育人的目标

学生社区文化育人是落实高校"立德树人"根本任务和中心环节的重要途径，目的在于以文育人、以文化人，深入培育和践行社会主义核心价值观，多维度引导学生正确认识世界和中国发展大势，正确认识中国特色和国际比较，正确认识时代责任和历史使命，正确认识远大抱负和脚踏实地，不断提高思想水平、政治觉悟、道德品质和文化素养，全方位培养勤于学习、善于创造、甘于奉献、乐于奋斗、勇于担当，主动与所处时代同频共振，努力成为又红又专、德才兼备、全面发展的时代新人。学生社区文化的目标主要体现在以下几个方面：

一、启心明识，坚定理想信念

学生社区文化育人以理想信念教育为核心，以习近平新时代中国特色社会主义思想武装大学生头脑，深入开展党的基本理论、基本路线、基本纲领和基本经验教育，深入开展党史、新中国史、改革开放史、社会主义发展史教育，深入开展中国优秀传统文化教育、革命文化教育、社会主义先进文化教育，深入开展以伟大建党精神为核心的中国共产党人精神谱系教育等学习教育，引导大学生树立正确的世界观、人生观和价值观，确立马克思主义信仰，坚定远大理想。

二、培根铸魂，厚植爱国情怀

学生社区文化育人以爱国主义教育为根本，通过加强中国特色社会主义和中国梦教育、中华民族优良传统和革命传统教育、国情教育和形势政策教育、国家安全教育和国防教育、民族精神和时代精神教育、各民族平等团结教育等学习，引导学生深刻认识爱国主义的本质就是坚持爱国、爱党、爱社会主义的高度统一，增强文化自信和文化自觉，在培养爱国之情、砥砺强国之志、实践报国之行上下功夫，将爱国主义内化为全体青年学生的坚定信念、精神力量和自觉行动。

三、崇德向善，加强品德修养

学生社区文化育人以道德规范教育为基础，通过社会主义核心价值观融入大学生思想政治教育全过程，引导学生牢牢把握富强、民主、文明、和谐作为国家层面的价值目标，深刻理解自由、平等、公正、法治作为社会层面的价值取向，自觉遵守爱国、敬业、诚信、友善作为公民层面的价值准则，强化社会公德教育、职业道德教育和家庭美德教育，以公民基本道德规范为准绳，引导学生明大德、守公德、严私德，做到知行合一，成为有大爱、有大德、有大情怀的新时代青年大学生。

四、砥志研思，增长知识见识

学生社区文化育人以知识见识教育为重点，将中国特色社会主义教育、形势政策教育、专业核心教育、通识课程教育、职业规划教育、心理健康教育、多元文化教育等贯穿大学阶段全过程，培养学生拥有明辨是非能力、逻辑思维能力、沟通交流能力、组织协调能力和创新实践能力等关键能力，在信息化、数字化飞速发展的时代，坚持引导学生夯实专业基础，提升文化素养，增长实践技能，拓宽国际视野，不断增长见识、丰富学识，向着求真理、悟道理、明事理的方向不断前进。

五、持之以恒，培养奋斗精神

学生社区文化育人以青春奋斗教育为关键，把奋斗精神融入学习、融入文化、融入实践、融入日常教育中，引导学生充分认识奋斗是青春最美的底色，加强劳动教育和挫折教育，培养奋勇争先的进取精神，锤炼锲而不舍的意志品格，历练无畏失败的心理素质，拥抱开朗乐观的人生态度，主动将个人命运与国家、民族的命运紧密相连，始终保持清醒的头脑，始终保持砥砺奋斗、艰苦奋斗、顽强奋斗的前进姿态，同亿万人民一道，为实现中华民族伟大复兴中国梦奉献青春力量。

六、笃行致远，提升综合素养

学生社区文化育人以综合素质教育为方向，在夯实专业知识教育和通识学科教育的基础上，注重强化价值观教育、创新创业教育、实习实践教育、劳动技能教育等劳动价值观教育，将第一课堂与第二课堂有机结合，既要培养学生拥有扎实的专业本领，又要鼓励他们具备丰富的实践经验，不断培育创新创意创业精神，提升综合素质，完善审美经验；同时，引导他们富有情怀、勇于担当、意志坚定，主动与社会接轨、与时代共振，实现德智体美劳全面发展，努力成为人格更完善、精神更饱满、体格更健康、心灵更丰盈、能力更突出的新时代青年。

第四节

学生社区文化育人的意义

新时代背景下，学生社区文化育人以"思想引领"为导向，通过发挥文化供给、资源整合、平台赋能、力量下沉、主动参与等优势，不断地深入挖掘育人要素，持续凝聚育人力量，改进创新育人方式，建立健全育人机制，做大做强育人空间，在高校教育、引领、管理、组织、服务等方面持续发力、持续赋能，推进高校思想政治工作全员、全过程、全方位高质量发展。学生社区文化育人的意义主要体现在以下几个方面：

一、遵循时代发展需要

教育部思想政治工作司2022年工作要点强调，在推进高校思想政治工作守正创新方面应全面开展"一站式"学生社区综合管理模式建设，开展学生社区党建引领、宿舍文化、朋辈互助、优良学风等主题宣传展示活动，常态化机制化打造学生党建前沿阵地、"三全育人"实践园地、平安校园样板高地。学生社区文化育人应与时俱进，与时代同频共振。

二、回应教育本质关切

实施学生社区综合管理模式建设是新时代加强高校思想政治教育的重要实践创新。学生社区通过践行"一线原则"，以文化供给为主线，促进校园思政力量、管理力量、服务力量、文化力量下沉，强化政治领导、思想引导、心理疏导、学业辅导、行为教导和就业指导，持续有力地促进时代新人培育工作向深向实推动，激发高校大学教育服务的新活力。

三、贴近学生发展诉求

新时代新形势下，面对学生社区群体性、文化性和社会性等属性的不断增强，学生社区已经成为高校思想政治教育的重要阵地和拓展育人途径的重要方向。走进社区、走近学生，遵循学生成长规律和发展诉求，打通思想政治教育工作的"最后一公里"，使教育与服务工作开展得更加符合学生思维和行为特点，更具针对性和亲和力。

四、有利于拓展高校思想政治教育理念的新内涵

基于对高校学生社区构建体系和实践路径的全方位、多角度调研和落地，有利于强化思想引领、文化赋能与服务育人、管理育人相结合，在"五育并举"背景下深刻践行"促进人的全面发展"和"以生为本"的教育理念，旨在探索德智体美劳全面发展要求下的育人新内涵，进一步凝聚育人合力，强化育人保障。

五、有利于提供高校思想政治教育实践的新方案

　　由于高校学生社区建设存在人才培养、学科专业、地域文化、社会服务等方面的差异性特征，育人理念、育人模式和创新性做法各具特色，学生社区文化育人项目的探索致力于为高校学生社区的构建及实践提供可行性方案，对全国高校学生社区建设的理论与实践具有促进作用，探索育人新尝试和新路径，提升育人实效。

04

第四章

五育背景下『12356』社区
文化育人模式探索

"育才造士，为国之本"。党的二十大报告指出，"全面贯彻党的教育方针，落实立德树人根本任务，培养德智体美劳全面发展的社会主义建设者和接班人"，"加快建设高质量教育体系"，"用社会主义核心价值观铸魂育人，完善思想政治工作体系"，为做好高校思想政治工作提供了根本遵循。《关于加强和改进新形势下高校思想政治工作的意见》提出，坚持全员、全过程、全方位育人，把思想价值引领贯穿教育教学全过程和各环节，形成课程育人、科研育人、实践育人、文化育人、网络育人、心理育人、管理育人、服务育人、资助育人、组织育人长效机制，为全面提高人才培养能力，做好新时代育人工作指明了方向。

高校肩负着为党育人、为国育才的职责使命。在新形势下，随着多元文化的互联互通互鉴，学生社区群体性、文化性和社会性等属性的不断加强，微时代背景下信息大众性、开放性、碎片化以及传播即时性、多样性、交互性等特点，大学生思想政治教育面临着新的挑战与机遇。习近平总书记在全国高校思想政治工作会议上指出，做好高校思想政治工作，要因事而化、因时而进、因势而新。因此，在数字化时代背景下，坚持全员、全过程、全方位育人，推进学校思想政治教育治理体系和治理能力现代化是必然选择和必由之路，努力为实现中华民族伟大复兴提供源源不断的高质量人才支撑。

四川外国语大学学生社区文化育人项目自2015年9月启动以来，坚持"全员、全过程、全方位"育人理念，围绕"聚焦学生、服务学生、引领学生"工作主线，以培养德智体美劳全面发展的社会主义合格建设者和可靠接班人为目标，探索五育背景下"12356"学生社区文化育人模式，努力打通思政育人"最后一公里"。

五育背景下"12356"社区文化育人模式的构建与研究注重"思想引领+文化供给"，以"川外学生之家"功能型特设党支部为党建引领核心，线上线下"川外学生之家"社区家园建设为两大依托，突出建设"思想引领的阵地、自我管理的平台、服务成长的窗口"三大目标，协同多方以"德"定方向、"智"长才干、"体"健身躯、"美"塑心灵、"劳"助梦想，"五位一体"促进学生成长，开展"思想引领进社区、红色文化进社区、优良学风进社区、健康心灵进社区、朋辈互助进社区、文明涵养进社区"等六大主题活动，形成了具有一定实践价值和推广意义的"12356"社区文化育人模式，实现多元空间维度、多元育人主体、多元教育资源在学生社区聚合、聚力、聚焦的多元共生。

五育背景下"12356"社区文化育人模式的建构

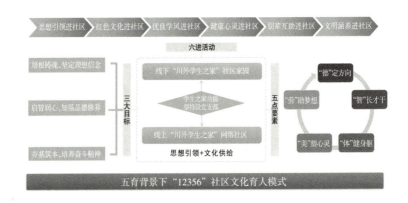

一、坚持一个核心，突出文化引领

四川外国语大学学生社区成立"川外学生之家"功能型特设党支部，发挥学生党支部的主体作用，激发党员的先锋模范作用，在加强学校党的组织体系建设的基础上，推动党组织向学生社区拓展和覆盖，组织凝聚广大青年，构建党建文化引领的全域化格局。

二、依托两大空间，筑牢文化阵地

学校加速推进思政力量、文化力量、管理力量、服务力量等下沉学生社区，创建"川外学生之家"品牌，致力于构建互联网+舍区服务的学生文化育人工作线上线下互动平台，突出社区文化育人功能，强化文化阵地建设，夯实育人根基，努力打通育人"最后一公里"。

依托线下"川外学生之家"社区家园，打造贴近学生、贴近实际、贴近生活的物理空间，凝聚青年力量。

营建温馨生活的舍园，在完善居住环境、提升生活条件的基础上，搭建各类自助服务平台便利学生生活，为学生提供信息交流与分享，物品循环与回收等线上线下平台，提升学生幸福感。

塑建求知探索的学园，在社区内开设"川外学生之家"自习室、思索沙龙功能室和主题文化活动室，为学生提供静心学习、开心分享、暖心帮扶的学习空间，营造积极向上的学习氛围。

创建创新实践的乐园，依托"跨境电商和多语言服务中心"设立"创新创业孵化园"，为学生提供创业交流、诊断辅导、项目扶持等就业创业服务，培养学生创新创业意识，提升实践能力。

依托线上"川外学生之家"网络社区，营造风清气正、文明健康、向上向善的网络空间，培育网络文化。

搭建校园"微"服务，通过"川外学生之家"官方微信公众号设立诉求平台，接受学生诉求处理或转介，将解决大学生的思想问题与实际问题相结合，筑牢文化育人根基。

繁荣校园"微"文化，通过"微言微语"贴近学生的优势和微传播优势，创作符合时代特征和学生成长需求的品牌化网络文化作品，增强学生的认同感，拓展思政工作网络空间。

优化内外"微"连接，通过加强校内外资源的协同合作，挖掘育人资源，讲好川外故事、中国故事，增强川外网络文化传播的影响力和辐射度，拓宽文化育人的外延。

三、锚定三大目标，厚植文化自信

学校以"立德树人"为根本任务，坚定社会主义办学方向，用习近平新时代中国特色社会主义思想团结带领广大学生增强文化自信和文化自觉，充分发挥以文化人、以文育人的核心作用，培养有理想、有文化、有本领、有担当、有纪律的新时代大学生。

（一）培根铸魂，坚定理想信念

学生社区文化育人以理想信念教育为核心，加强马克思主义理论教育，引导学生学会观察世界的变化，奠定科学的思想基础；加强"四史"教育，引导学生正确认识世界和中国发展大势，从中国特色社会主义发展和实践中，认识和把握人类社会发展的历史必然性，筑牢信仰之基。

（二）启智润心，加强品德修养

学生社区文化育人以道德规范教育为基础，推动新时代公民道德建设，把社会主义核心价值观融入培养大学生的方方面面，深入开展爱国主义教育、法治教育、诚信教育等培根固本教育，涵养文明素养，修身立德、向上向善。坚持教育引导与实践养成相统一，引导学生在实践中传承中华传统美德，弘扬民族精神和时代精神，争做时代新人。

（三）夯基筑本，培养奋斗精神

学生社区文化育人以青春奋斗教育为关键，把奋斗精神融入学习、融入文化、融入实践、融入日常教育，加强以史为鉴、以史明理教育，坚定大学生艰苦奋斗的初心、信心和决心，学会自力更生，培养实干担当和敬业奉献精神，面对困难迎难而上、主动出击、创造机遇，引导青年学生勤于钻研、敢于挑战、勇于受挫，争做时代的弄潮儿。

四、嵌入五点要素，赋能文化供给

学校坚持"三全育人"与"五育并举"相结合，围绕"以生为本""促进学生全面发展"原则，将德智体美劳五种育人要素嵌入学生社区文化育人内涵，整合育人资源，赋能文化供给，形成"五位一体"育人格局，促进文化育人高质量发展。

（一）"德"定方向

关键在于引导学生拥有坚定的信仰，树立正确的"三观"，具备良好的思想道德素质。通过打造具有时代特征的思政精品课程，运用课程思政，充分发挥专业课教师、思政课教师、辅导员和党务工作者的力量，将思想价值和科学精神等元素结合专业知识有针对性地融入教育教学全过程，增强思政教育的显性作用和精准匹配。

（二）"智"长才干

主要通过传授科学文化知识和技能，发展学生的智力以及与学习有关的非智力因素，增长智慧与才干。推动"外语+"人才培养模式改革，开设各类小语种辅修专业和辅修学位，引导学生在夯实专业知识的基础上，掌握外语技能，培养具有国际视野和中国情怀的应用型、复合型外语人才，主动服务国家对外开放战略。

(三)"体"健身躯

重点在于发展运动能力，增强学生体质，养成良好习惯，锻造强健体魄。实施"体育强身计划"，搭建"川外微体育平台"宣传健康、运动与营养知识，要求学生每周完成规定跑步运动打卡，组织学生参加健美体操、排舞比赛等体育锻炼，强化体育课程思政建设，以体育智、以体育心。

(四)"美"塑心灵

发展大学生鉴赏美、创造美的能力，培养他们的高尚情操，发挥启智、明德、研思、润心等作用，提升学生综合素养。设立"创新学分"和"第二课堂成绩单"，要求并鼓励学生参加第二课堂和第三课堂活动，每年举办大学生艺术展演、"校园之春"等文化活动，不断提升学生的审美经验和审美能力。

(五)"劳"助梦想

培养学生正确的劳动价值观和良好的劳动品质，锻炼他们的实践能力，磨炼他们的顽强意志。依托学校大学生党员示范岗，开展各类志愿服务活动，每年为重庆市各类国际赛会输送近百名多语种志愿者；依托资困助学中心，开展勤工助学活动，利用"创意市集"等品牌活动开发学生动手能力、提升实践技能。

五、助力六进社区，涵育文化素养

学校坚持"立德树人"根本任务，通过推动六进社区活动，旨在凝聚全员的育人力量、构建全过程的育人体系、形成全方位的育人共同体，扎实推进新时代高校"一站式"学生社区综合管理模式改革，不断提升新时代高校党建工作和思想政治教育体系化、精细化水平，引领学生成长成才。

（一）党建引领进社区，突出引领为本

"川外学生之家"建立特设党支部，思政专家带领学生跟进学习党的创新理论和习近平总书记系列重要讲话精神，充分发挥基层党组织的战斗堡垒作用和党员先锋模范作用，引导学生不断地坚定"四个自信"，增强"四个意识"，做到"两个维护"，树立"四个正确认识"，凝聚广大青年立志听党话、感党恩、跟党走，争做社会主义合格建设者和可靠接班人，打造社区思想引领高地。

（二）红色文化进社区，突出传承为魂

红色文化以"铸魂育人"为出发点，在充分挖掘红色资源的基础上，将红色元素融入学生社区文化育人过程，结合学校专业特色和学科优势，打造与时俱进、生动活泼的红色文化品牌活动，运用讲、诵、展、演等形式讲述鲜活独特的红色故事，不断传承中国革命精神，赓续红色基因，使爱国主义成为广大学生的坚定信念、精神力量和自觉行动。

（三）优良学风进社区，突出培育为先

全面推动优良学风建设，引导大学生端正学习态度、强化优良习惯、培养学术道德、遵循学术规范、坚持学术创新等学风建设内化于心、外化于行，推动大学生围绕学业规划，从自我分析、目标制订、评估调整等方面进行探索，激发广大学生学习的内驱力、持久力和创新力，引导学生勇于把握发展机遇，敢于追逐崇高理想，进一步提升人才培养质量。

（四）健康心灵进社区，突出育心为要

遵循大学生心理发展特点和规律，坚持"育德"与"育

心"相结合，注重面向全体学生普及心理健康知识、加强心理健康服务，帮助他们树立心理健康意识，认识心理异常现象、开发自我心理潜能、掌握心理调节能力，增强心理适应能力、提高心理健康水平，不断提升学生的主观幸福感、心理幸福感和社会幸福感，进而深化思想政治教育的效果。

（五）朋辈互助进社区，突出互助为翼

促进学生汲取朋辈经验，从同龄人角度在学生之间形成互敬、互爱、互助、互学、互勉、互慰的新风气，参照人际交往的互补性原则，实现教育主体和客体间的平等关系，建立起稳定的情感链接，形成"传帮带"机制，增强广大学生的主体性，努力打造学生成长的闭环模式，发挥学生成长的自我教育、自我服务、自我管理、自我监督的永动力。

（六）文明涵养进社区，突出涵养为重

以培育和践行社会主义核心价值观为核心，倡导文明用语、鼓励文明上网、打造文明校园等文明新风尚，引导广大学生养成良好习惯，践行文明健康的生活方式，积极投身于新时代文明实践，彰显青年担当，不断涵养科学文明的校园新风尚，让每个人都成为文明实践的参与者和受益者，为构建文明和谐校园贡献一己之力。

"五育"背景下"12356"社区文化育人模式是基于"互联网+学生社区"探索路径的全方位、宽领域、多角度实践，以"思想引领+文化供给"为主线，推动"以生为本"的育人理念与"五育并举"的育人举措有机结合，力求实现文化育人与网络育人、服务育人、管理育人等多方面融合，凝聚育人合力、强化育人保障、回归学生需求、回归教育初心。

五育背景下"12356"社区
文化育人模式的经验总结

　　学生社区围绕高校人才培养、科学研究、服务社会、文化传承创新和国际交流合作的五大职能，有效实现学生社区从生活空间到育人空间的转变，由分散育人向协同育人转变，由显性教育向隐性浸润的转变，由阶段性工作向常态化发展转变，由管理模式向育人模式转变，不断改进和创新"文化+"育人理念，协同课程、科研、实践、网络、心理、管理、服务、资助、组织等力量，努力推动构建全员、全过程、全方位大思政格局，发挥文化育人、润物细无声的作用，不断地增强社区文化体验，提升社区文化的感染力和影响力。

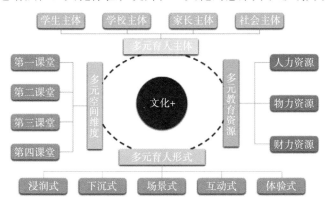

一、多元育人主体，聚力文化育人共识

学生社区文化育人涉及多元育人主体，例如学生主体、学校主体、家长主体、社会主体。围绕"以生为本"的育人理念，在发挥学生自我管理、自我教育、自我服务和自我监督作用的基础上，结合学校人才培养目标和要求，结合社会发展对未来人才的需求，结合家长层面对学生成长的期待，充分平衡各主体之间的关系，以促进学生个性发展和全面发展有机融合的形式，不断凝聚育人共识。

二、多元育人形式，聚效文化育人品牌

学生社区文化育人以"思想引领+文化供给"为主线，深入挖掘新时代文化育人要素，致力于开展浸润式、下沉式、场景式、互动式、体验式多元文化活动，通过诵、读、讲、演、导等多种途径，不断改进和创新线上线下文化育人形式，打造文化育人品牌，增强品牌知名度，提升学生的认同感、获得感，拓展文化育人的影响力。

三、多元教育空间，聚焦文化育人创新

学生社区文化育人应充分发挥高校第一课堂、第二课堂与第三课堂、第四课堂的作用，尽可能地将第一课堂搬到社区空间，有针对性地传授多种专业知识和科学文化知识，吸引跨专业学生进行知识积累和补充；充分发挥第二课堂的影响和作用，在学生社区开展各类集思想性、知识性、科学性、趣味性等于一体的文化活动；积极搭建校企合作、校地共建的第三课堂，通过邀请行业导师来校与学生对话，进一步增

强学生的社会适应能力；紧紧把握互联网平台作为第四课堂的作用，弘扬主旋律、传递正能量。

四、多元教育资源，聚合文化育人保障

学校重视学生社区文化育人工作，开放格局、整合资源、优化配置、调整结构，协调校内外各类人力、物力、财力资源等优质教育资源向学生社区倾斜，为社区文化育人注入新动能，不断提升教育质量，夯实文化育人保障。

五、立足时代潮流，回应"立德树人"根本问题

在新形势下，面对学生社区群体性、文化性和社会性等属性的不断增强，结合网络与学生社区两个重要的高校思想政治教育阵地开展工作，有助于实现"立德树人"根本任务。学生社区文化育人模式坚持以习近平新时代中国特色社会主义思想和习近平总书记关于教育的系列重要论述为指导，以线上线下家园建设为切入点，统筹线上线下、校园内外育人资源，嵌入"五育并举"，加强资源的协同配合，有效实现学生社区从生活空间向育人空间转变，由分散育人向协同育人转变，由显性教育向隐性浸润转变，由阶段性工作向常态化发展转变，由管理模式向育人模式转变，提升育人实效。

六、立足学生需求，情系学生成长，凸显育人功能

学生社区文化育人在"12356"模式建设探索中，以习近平新时代中国特色社会主义思想为指导，深学笃用新思想，内化信仰之力；以社区系列活动和成长服务为依托，锤炼学生品行，锻炼学生能力，厚植逐梦之力；注意引导学生在个

人成长之余，积极投身参与社区志愿服务、朋辈互助，贡献青春之力；努力打造学生成长的闭环模式，发挥学生成长的自我教育、自我服务、自我管理、自我监督的永动力。项目推出的"学习共同体"不断孵化出优秀成果，助力学生在实践中夯实专业基础、拓宽国际视野、提高综合技能。

第三节

五育背景下"12356"社区文化育人模式相关方案

一、"川外学生之家"功能型特设党支部建设方案

（一）功能定位

在"川外学生之家"设立功能型特设党支部，目的在于将党建阵地拓展至学生社区空间，让党建工作深入学生课余时间，让党旗在校园生活中飞扬，构建教育、管理、监督党员和组织、宣传、凝聚、服务学生的全域型格局。作为功能型党支部，不发展党员、不接转组织关系、不选举党代表、不收缴党费，成员的组织关系仍归口所在院系相关党支部。

（二）组织领导

"川外学生之家"功能型特设党支部由党委学工部、党委组织部共建，各相关部门和二级院系协助。党委学工部负责党支部日常工作，党委组织部负责业务指导，各二级院系负责学生党员的组织管理工作，按照党支部要求督促学生党员积极参加学习教育、志愿服务工作，接受党支部和广大学生的监督。

（三）建设任务

1. 推进学习教育经常化

按照学校"两学一做"学习教育常态化、制度化要求，制订党支部学习教育年度工作计划，定期组织党员和入党积极分子开展专题学习。邀请领导干部、专家教授、先进典型进学生社区开展宣讲活动，及时宣传党的理论和路线方针政策，加强对学生的思想价值引领。组织开展谈心谈话活动，安排学生党支部书记、委员经常性深入学生社区，与入党申请人、入党积极分子、发展对象和预备党员谈心谈话、沟通思想、交换意见，帮助谈话对象提高思想觉悟。

2. 推进服务学生长效化

依托"学生之家"设立"党员服务站"，以贴近学生思想、工作、生活实际为原则，组织学生党员从申请入党、学业帮扶、职业规划、就业创业、人文关怀等方面对广大学生进行常态化帮扶。根据学校工作需要和学生需求，选择重要时间节点或以重大活动为契机，组织开展集中性的党员志愿服务活动。积极搭建党员发挥先锋模范作用的平台，组织党员开展便民、利民服务，彰显党员的价值观，激发党员的荣誉感。

3. 推进党员监督日常化

组织全体学生党员在学生社区"亮身份、树形象"，在各宿舍楼栋划出专区公示党员，使学生党员时刻牢记党员身份，以高标准要求自己，主动"亮"出先进性的行动、"亮"出先锋模范作用，主动接受群众监督，努力成为新时代青年的表率。各院系要将学生在宿舍的表现纳入考察评价内容，作为评先选优的重要参考。对有损党员身份的言行应及时提醒警示，对违反党规党纪的言行应视情形给予批评教育甚至纪律处分。

4. 推进阵地建设规范化

规范标识形象，在学校西区松苑17舍"川外学生之家"悬挂党支部标牌，打造标准化党员活动室。室内悬挂党旗、党徽以及有关规章制度，配备会议桌椅等多功能设施设备，配齐党建书籍资料与各类档案，为党员学习和开展活动提供必要的资料，充分发挥党员活动阵地的引领激励、教育规范功能。

二、"川外学生之家"工作方案

（一）工作定位

围绕"三全育人"体系的构建，学校整合学生之家、年级长联席会、党员大学生示范岗、大学生心理健康协会、勤工助学中心组成"川外学生之家委员会"，成立特设党支部，通过品牌活动的打造，把思政阵地拓展至学生社区空间，让思政工作深入学生课余时间，让党旗在校园生活中飞扬，实现学习教育常态化、管理服务精细化、工作机制体系化和阵地建设规范化，形成思想引领的阵地、自我管理的平台、服务成长的窗口。

（二）重点任务

以"川外学生之家"及其特设党支部为纽带，围绕学生、关注学生、服务学生，增强党组织的政治领导和思想引领，增强党员的身份意识和责任意识，发挥党员的先锋模范带头作用，具体围绕以下五个方面开展工作：

1. 加强思想引领

校领导、思政工作者、辅导员充分发挥政治、阅历方面的优势，办好月度"习近平新时代中国特色社会主义思想导学"活动，深入开展习近平新时代中国特色社会主义思想和习近平总书记视察重庆重要讲话精神的学习教育；结合国家及重庆实际，宣讲党和国家的重大方针政策、重大活动和重大改革措施；回答学生关注的重大理论和实践问题，帮助学生自觉划清思想理论的是非界限。

2. 解决日常诉求

依托"川外学生之家"线上平台和松苑4舍线下窗口，通过微博、微信、微视频等微传播方式倾听学生诉求，疏导学生情绪。依托"校领导接待日""歌乐会客厅"建立校领导、学校机关部处、学院负责同志和学生常态化联系交流机制，安排辅导员进驻"川外学生之家"值班，抓实抓细 "两走一谈"制度落到实处，切实把思想政治工作做到学生心坎上。建立信息收集—反馈机制，对学生反映的问题、提出的建议，有疑必解、有问必答，及时汇总分析、研究落实，对不能解决的问题要及时说明，建立台账。

3. 突出成长指导

关注学生成长需求，通过选树朋辈典型，做好"实践遇见未来"分享会、"朋辈沙龙"活动和青年教师、辅导员"思索沙龙"活动，拉近与学生的距离，成为为学为人的表率。关注学生实际问题，做好学业困难、家庭经济困难、心理困难、就业困难等"四困"学生的帮扶，用认真细致的学业指导、及时有力的精准帮扶、温情走心的心理辅导、潜移默化的职商训练赢得学生。

4. 营造舍区文化

通过"非遗进舍区"、"经典读书会"、最美寝室创建活动等美育活动，大力弘扬中华优秀传统文化、革命文化和社会主义先进文化，营造积极向上的校园文化氛围。

5. 夯实校园安全

学校推进学工和舍区信息化建设，充分发挥"辅导猫"软件在日常管理工作中的作用；建立班级信息员制度，重视学生主体地位，充分发挥学生"自我管理、自我教育、自我服务、自我监督"的作用；建立辅导员值班制度，将思想政治教育与管理服务相结合，在科学管理、智慧服务中提升育人效果。

（三）工作制度

1. 诉求收集及反馈制度

1）工作职责

（1）利用"川外学生之家"线上线下平台收集学生诉求，畅通学生诉求渠道，让学生的困难有反映处、问题有解决处。

（2）学生反映的问题、建议和诉求经收集后，能解决的立即回复，不能解决的向学生说明原因。当天进行分类，由学生处转介党政办督办科，限期两个工作日给予回复，仍不能解决的，建立台账。

（3）专人负责收集、梳理学生诉求，建立和管理学生诉求档案。

（4）学生诉求的答复、解决、反馈，应接受诉求学生的监督，并随时了解诉求学生对诉求答复、解决的满意度，通过面对面征求意见、发放调查表及邀请诉求学生提意见等形式，及时征集学生对诉求解决的意见建议，让学生诉求办理得更加高效、制度化、常态化。

2）具体要求

（1）充分利用"川外学生之家"这一咨询与诉求窗口，

保障"川外学生之家"现有场地有学生值班，在值班期间收集并处理学生诉求。

（2）与"川外学生之家"线上平台相结合，在"川外学生之家"微信公众号开辟专栏收集并回复学生诉求，每周进行诉求的集中回复。

（3）每月开展"校领导接待日"，通报学校工作情况与学生诉求处理情况。

2. 辅导员进公寓制度

1）工作职责

（1）坚守工作岗位，加强对学生宿舍的安全巡查，检查宿管人员在岗情况，了解宿舍楼栋安全情况，并填写巡查巡视记录。

（2）抽查学生在公寓内学习和生活的情况，及时制止学生在宿舍内赌博、打架、使用违禁电器等违纪行为，督促学生认真学习，形成良好学风。

（3）参与处置值班期间公寓内突发事件，确保学生公寓安全稳定。

（4）充分利用值班时间，落实 "两走一谈"制度，主动与"四困"学生交流谈话，及时了解和掌握学生动态。

2）具体要求

（1）辅导员以轮流值班和自主查寝相结合，认真落实"两走一谈"制度，走进公寓关心学生的学习生活，及时了解和掌握学生的思想、学习和生活状况，为学生提供切实有效的帮助和指导。

（2）每天安排两名辅导员分别在松苑4舍、松苑17舍值班，值班时间为19：00—22：00。

（3）学工部采取定期检查和随机抽查方式检查辅导员进学生公寓的工作情况。

3. "习近平新时代中国特色社会主义思想"理论宣讲制度

1）工作职责

（1）每月按照上级要求和学校党委中心组学习重点确定宣讲主题、制订宣讲计划。宣讲前集中备课，统一宣讲提纲，规范宣讲内容。

（2）认真组织每月一次的宣讲活动，做好宣讲资料、音像图片的收集归档和新闻报道。

2）具体要求

（1）辅导员都应加强理论学习，及时掌握新思想、新理论、新精神。每位辅导员年均参加宣讲活动不少于一次。

（2）加强调查研究，及时掌握学生的思想动态。要深入群众进行调查研究，广泛了解师生生活实际、思想实际，回应学生关切的问题。

（3）加强研讨交流，围绕每年确定的重点宣讲内容和题目，通过集中研讨、集体备课、示范宣讲等方式，提高宣讲水平。

（四）工作要求

1. 切实提高思想认识

建设"川外学生之家"是加强学生党建和思想政治工作的关键抓手，要认真践行以学生为中心的工作理念，加强"川外学生之家"硬件和软件建设，建立健全各项工作制度，采取行之有效的工作举措，坚持部门联动，形成工作合力。

2. 强化工作实效

建设"川外学生之家"应坚持与学生的需求和发展相契

合，落实落细各项任务，争取打造一批"思政进公寓"精品活动。按月公布活动计划，加强宣传，让思政工作更具亲和力和针对性，更有时代感和实效性。

三、四川外国语大学年级长联席会工作章程

序　言

四川外国语大学年级长联席会始于2015年12月，面向全校各学院年级长，通过面试招收成员，是一个年轻而朝气蓬勃的组织。本组织隶属于四川外国语大学学生工作处，设立办公室、学业部、诉求部三个部门，由学生自行组织特色活动，服务学生，让全校学生得到更好的学习生活体验。

第一章　总　则

第一条　四川外国语大学年级长联席会是在校党委领导下，校学生工作处指导、帮助下开展工作的全校性学生服务型学生干部组织，是学校与广大学生联系的桥梁和纽带。

第二条　本章程是本会的根本性文件，是本会各组织开展工作的根本依据，具有最高效力。本会制订的各项规章制度，开展的各项工作，均不得违反本章程的规定。

第三条　本会的宗旨是贯彻党的方针政策，从学生中来，到学生中去，勇于实践，勇于探索，促进全校学生素质的提高和全面发展，全心全意为全校学生服务。

第二章　会员的基本权利和义务

第四条　凡在四川外国语大学担任年级长的本科、研究生学生，经过报名和面试之后均可成为本会会员。

第五条　会员具有下列基本权利：

（一）选举权和被选举权；

（二）对本会工作和人员设置进行讨论、建议和批评的权利；

（三）十人以上联名有权向年级长联席会，年级长大会期间向学生工作处，提出罢免和撤换年级长联席会中除联席会总负责人团以外不称职的学生干部的建议；

（四）取得荣誉、获得表彰的权利；

（五）要求本会提供帮助或提供联络、权益保障等方面服务的权利；

（六）参加本会组织的各项活动的权利；

（七）年级长联席会聘书；

（八）奖学金评定加分；

（九）优秀年级长评定名额；

（十）校级优秀学生干部名额。

第六条　联席会会员具有下列义务：

（一）遵守本章程和本会制订的各项规章制度，执行本会决议；

（二）向全校学生宣传本会的宗旨、原则，维护本会的荣誉和利益，积极参加并完成本会交办的各项任务。

第七条　对违反本章程、违反校规、校纪的会员，本会有权向学校建议给予纪律处分。

第三章　组织机构
第一节　领导机构

第八条　年级长联席会实行总负责人团负责制。各工作部门实行负责人负责制。联席会总负责人团从各个部门负责人中经年级长联席会全体成员民主选举，并经过考察期后正式聘用。

第二节　办公室

第九条　办公室负责人为两人。

第十条　办公室主要任务：

（一）策划与组织一年一度的年级长大会，对各学院新任年级长进行集中培训；

（二）策划与组织年级长联席会新会员的招募，每学期一次；

（三）组织每周日例会，做好考勤与会议记录；

（四）策划与组织思索沙龙系列活动；

（五）负责管理年级长联席会各项活动所涉资金与物资，实行实报实销制度。预算金额较大的活动，需经过审批再请款。

第三节　学业部

第十一条　学业部负责人为两人。

第十二条　学业部主要任务：

（一）组织招募并建设朋辈导师团，并定期对导师进行集中培训，实行春秋两招制度；

（二）积极做好与导师的对接工作，并对主讲导师的简历、申请表等个人资料进行归档整理；

（三）积极做好沙龙的前期宣传工作，掌握每一期沙龙的学生报名信息以及参与情况，以便控制场面；

（四）定期举办校级朋辈沙龙，频次为每周 3～5 场次，积极做好现场签到及内容记录等工作，旨在为同学们的兴趣发展和职业生涯规划提供有益的指导及帮助；

（五）撰写每一期沙龙的各类文档，包括事前宣传文案、事后回顾推文、沙龙新闻稿及纪念册文案等；

（六）策划组织对应主题周分享会，每学期开办一个系列。

第四节　诉求部

第十三条　诉求部负责人为两人。

第十四条　诉求部主要任务：

（一）以每天为基本时间单位，通过微诉求平台收集整理来自全校师生的建议及诉求，并以自身为联系纽带，一方面将建议及诉求提交至学校有关部门，另一方面将有关部门对建议及诉求的回复予以发布；

（二）策划并组织每月一次的校领导接待日：发布活动主题及报名有关信息、组织年级长收集诉求、收集并整理活动过程中相关部门对诉求的回复等；

（三）发放并收集物业评分表，做好当月物业诉求整理。

第十五条　本章程的修改，由部门负责人及以上级别干部或者四分之一以上年级长联席会成员提议，并由年级长联席会三分之二以上成员同意后方可通过。

年级长联席会通过全体会员会议的形式行使以下职权：

（一）解释本章程，监督本章程的实施；

（二）制订和修改除本章程以外的规章制度；

（三）解释年级长联席会制订的各项规章制度；

（四）撤销本会各级组织制订的同本章程相抵触的规章制度和决议、决定；

（五）任命或开除年级长联席会成员；

（六）选举或罢免年级长联席会总负责人团。

第十六条　年级长联席会总负责人因故不能履行职务时，由一名部门负责人代理总负责人职务。

第五章 附 则

第十七条 本章程自公布之日起施行。

第十八条 本章程最终解释权归年级长联席会所有。

四、大学生党员示范岗简介

（一）组织简介

大学生党员示范岗隶属于学校党委学生工作部。该组织通过举办各类相关活动，丰富学生宿舍文化生活，助力校园文化建设，发挥学生党员朋辈示范作用，致力于成为引领学生思想的一大抓手。2021年4月中旬，在学校的批准和相关领导的指导下，"川外学生之家"功能型特设党支部创建了学生党员志愿服务队。该志愿队旨在让广大学生有机会参与各项志愿活动，服务校园与社会，丰富广大学生的志愿经历，充分展现川外学子的优秀素质。该志愿队的主体运营工作由大学生党员示范岗全权负责。

（二）部门介绍

1. 负责人团队

由年级长联席会总负责人及其助理和各部门负责人组成。统筹整个示范岗工作，商议举办各项活动，负责人事任免及工作调度。

2. 秘书部

负责各类活动的人员安排，通知各项活动并做好相应工作记录；负责各项活动的签到工作；制作各类相关工作表格、工作报告以及活动新闻稿；整理归档各类文字材料。

3. 实践部

负责与有关机构接洽并协同举办相关活动；撰写相关活

动策划案；完成活动教室、展板、场地等申请；各项会议及各类活动现场秩序维护。

4. 宣传部

统筹前后期各项宣传工作，制作活动宣传海报、微传播推文、宣传单等；负责各项活动现场拍照。

5. 生活部

统筹预算各项活动开支，进行各项活动经费报销；采购日常工作以及活动所需用品；组织开展烘焙活动；维护办公室、生活吧、书吧的清洁卫生。

五、"川外学生之家"简介

（一）组织介绍

"川外学生之家"是隶属于四川外国语大学"学生之家"委员会的一个学生组织，在师生中具有一定影响力，主要负责线上的微信推送和部分线下活动的承办。"川外学生之家"主要分为三个部门：文宣部、秘书部和技术部，各个部门相互协作，紧密团结，努力建设服务型团队，充分发挥自我成长、党员示范、师生服务等多项功能。

（二）部门介绍

1. 文宣部

文宣部作为"川外学生之家"的一个重要组成部分，担负着文字推送、"人物"采访和撰写新闻稿等重要工作。撰写"校领导接待日"倾听学生诉求的文稿；优秀学长学姐分享内容的总结；也涉及体现川外学子校园生活的日常推送。文宣部是学校微信创作团队的重要力量。

2. 秘书部

记录议事是秘书部的重要职能，无论是参加活动还是举行例会，纸笔常备，随时记录。活动前，注意收集成员的行程安排；会议前，整理请假人员名单和前一周推文的相关数据。责任感和细心是秘书部成员必备品质。统筹能力也非常重要，秘书部成员需了解各部门情况，在此基础上计划和安排相关事宜，以保障微信创作的正常运转。优秀的沟通能力在与其他社团、平台对接时发挥着重要作用。秘书部是"川外学生之家"的桥梁纽带。

3. 技术部

技术部成员喜欢摄影，喜欢视频，爱好创作，充满想象力，是"川外学生之家"的技术支撑，他们不仅对新媒体技术精益求精，同时对新媒体推文的制作流程也相当熟练。协同合作中少不了他们在图片、视频方面的专业支持。为了更好地协同合作，他们不断地开发各种新技能，只为呈上更优秀的作品。技术部是"川外学生之家"的技术担当。

六、大学生心理健康协会简介

（一）组织介绍

四川外国语大学大学生心理健康协会（以下简称"心协"）是该校唯一直属于大学生心理健康教育中心的学生公益组织，隶属于四川外国语大学学生处，拥有来自全校各个专业，融合多类语种的100余名成员，下设秘书处、编辑部、外联部、实践部、宣传部五个部门。该协会结构完整有序，活动组织能力、执行能力、宣传推广能力均十分出色。该会长期举办"心灵影院"活动，经营专属的微信公众号和心协

QQ号，目前前者的阅读量已达1884人次。该会承办各类与大学生心理健康相关的校级与市级活动，举办各种类型的公益性活动和新奇特色的社团活动。

（二）部门介绍

1. 秘书处

秘书处是名副其实的团中诸葛，是心协版"港珠澳大桥"，架起四个部门的沟通之路。让你在深入了解各部门风格特点的同时，带领你领略不一样的心协。

2. 编辑部

编辑部是心协的判官笔，负责各类文字创作，为每一次的心协活动贡献自己的想法。以笔为刃，所向披靡，战无不胜！

3. 外联部

外联部既是心协的金银宝库，也是心协的粮草供应处，更是心协最强能源供给站。它头顶苍天，心怀天下，处事不惊，临危不乱，负责心协的外联工作，为整个协会带来无限能源。

4. 实践部

实践部是心协活动的践行者，无人不知，无人不晓。"5·25"，心灵影院，从头到尾都有我们的身影。实践部的存在就是心协最大的特色。

5. 宣传部

宣传部是心协的"门面与技术担当"，集颜值与才华于一身。用激情做出独属心协的特色名片。心协每一次活动的宣传海报，都是学校最靓的存在。

七、勤工助学中心简介

（一）组织介绍

2018年，为打造发展型资助育人平台，四川外国语大学整合校内资源，建成了由党委学生工作部（处）学生资助中心负责统筹管理的"勤创基地"（勤工助学和创新创业实践基地），勤工助学中心由此诞生。勤工助学中心是四川外国语大学五大校级组织之一，始终贯彻"勤以养德、工以长技、助以修身、学以明志"的宗旨，推动勤工助学活动有序开展，培养学生自立自强的精神，增强学生的社会实践能力。

勤工助学中心下设秘书部、财务部、新媒部、校内工作部、校外工作部五个部门，并设有创意市集、川外文创、校快递服务中心三个实体基地。各部门相互协作，负责勤工助学活动的日常管理工作。同时，勤工助学中心还开展了校内外实践、快递服务实践、川外文创产品研发、创意设计大赛以及创意市集跳蚤市场等活动。在学校对勤工助学工作的高度关怀下，助学中心各项工作不断取得新进展，呈现规模化、多样化、制度化、品牌化的发展态势。

（二）部门介绍

勤工助学中心由五个部门和三个实体基地构成，下面将简单介绍各个部门的性质与职能。

1. 秘书部

秘书部作为连接主任团与各个部门之间的桥梁，居于决策和执行的中枢位置，始终秉承服务主任团和各个部门的工作理念，对上辅助主任团，对下发布决策给各个部门，体现出较强的附属性、辅助性和综合性。主要职能：

（1）协助主任团工作，并对接各个部门，上传下达，完成指派任务。

（2）负责管理勤工助学中心办公室日常事务，建立和完善勤工助学中心的各项规章制度。

（3）负责勤工助学中心的资料整理与存档，以及信息通知工作。

（4）负责勤工助学中心各类活动和会议的策划与统筹安排工作。

（5）负责勤工助学中心的人事安排以及人员考核工作。

2. 财务部

财务部是勤工助学中心五大部门之一，主要负责中心各种资金和物资的管理，是中心各项活动顺利开展必不可少的部门，也是中心活动经费的强大支撑。主要职能：

（1）负责管理勤工助学中心现金流：主要包括收支记录、发票核实与收取、报表与工资表的制作与核算、活动预算等。

（2）负责管理勤工助学中心的物资，主要包括中心固定资产的清点、物资采购等。

（3）与各部门对接考勤表等相关文件；与指导老师对接，核算并制作勤工助学中心人员工资表。

（4）与勤工助学中心其他部门对接，协同开展工作。

3. 新媒部

新媒部下设运营小组和技术小组负责川外学生资助政策信息的宣传、中心各类活动会议记录的分享。作为技术部门，新媒部既是新闻宣传的主要推手，也是各类活动的重要一环。主要职能：

（1）协助勤工助学中心开展宣传推广工作和学生资助政

策、资助育人活动的宣传推广工作。

（2）负责勤工助学中心各类活动宣传海报、平面艺术、影视后期、演示文稿的设计制作、培训以及摄影摄像工作。

（3）负责勤工助学中心网站、微信公众号（川外学生资助）、微博、QQ空间、贴吧、兼职群等宣传平台的运营推广。

（4）负责设计、制作勤工助学中心管理委员会内刊。

（5）与勤工助学中心其他部门对接，协同开展工作。

4. 校内工作部

校内工作部是勤工助学中心的重要组成部分。其主要工作与学生助理紧密联系（注：学生助理相当于老师的助理，在图书馆、学生处等校内场所帮助老师完成各种工作）。主要职能：

（1）开展校内学生助理的入职仪式和岗前培训等活动。

（2）负责校内传统岗位学生助理的管理、考核。

（3）通知各单位的学生助理，收集所在单位的电子版和纸质版考勤表，并进行工资的汇总核算。

（4）与老师对接，完成学生助理工资的发放。

（5）与勤工助学中心其他部门对接，协同开展工作。

5. 校外工作部

校外工作部是勤工助学中心的重要组成部分，承担着为中心开源节流、对外联络、扩大中心知名度的重要职责。主要职能：

（1）寻找、发布兼职信息，为全校学生提供安全可靠的兼职岗位，同时管理、运营中心的官方兼职群。

（2）寻找外联，争取赞助，为中心开源节流。

（3）与勤工助学中心其他部门对接，协同开展工作。

6. 创意市集

创意市集是勤工助学中心三大实体基地之一，负责策划并举办有趣的跳蚤市场，搭建独一无二的市场平台，有效地带动闲置资源的利用。负责管理线上交易平台和线下实体店铺的运营，分享各类创意推文。主要职能：

（1）撰写活动与游戏策划案。

（2）负责承办跳蚤市场，包括但不限于申请场地、联系摊主、购买物资等事务。

（3）撰写与发布活动推文。

（4）与勤工助学中心其他部门对接，协同开展工作。

7. 川外文创

川外文创是勤工助学中心三大实体基地之一，下设设计组和销售组，主要负责文创产品的设计宣传、线下实体店铺的管理、创意大赛的策划等工作，力图通过这些工作来宣传和打造校园文化。主要职能：

（1）负责日常产品的设计和川外校园文化相关元素的收集。

（2）负责川外文创官方QQ推文的撰写和推送，官方微信公众号部分推文的撰写。

（3）负责实体店铺的运营，包括但不限于销售、进货、出库入库、店铺盘存等工作。

（4）策划并举办创意大赛等产品设计类活动，包括大赛海报设计、环节编排等工作。

（5）宣传校园文化，调查川外市场销售趋势，打造川外文创品牌。

（6）与勤工助学中心其他部门对接，协同开展工作。

8. 校快递服务中心

校快递服务中心是勤工助学中心三大实体基地之一，下设客服组、操作组、寄件组、物流组、京东组五个组别，主要负责川外山上、山下两个菜鸟驿站的经营。校快递服务中心秉持由学生自主运营管理的理念，以便捷高效的服务为川外全校师生提供便利服务，为全校学生提供勤工助学岗位。主要职能：

（1）客服组同学负责处理各公司问题件，协助老师和同学解决取快递时遇到的问题。

（2）操作组同学负责货物上架、打码贴码、入库移库，帮助有需要的老师和同学查件。

（3）寄件组同学负责寄件工作。

（4）物流组同学负责上门取件和部分淘宝退货。

（5）京东组同学负责京东快递的上货、取件等操作，并掌握京东物流系统的操作流程。

05

第五章

机制篇

党建引领
进社区

习近平总书记在全国高校思想政治工作会议上强调："办好我国高等教育，必须坚持党的领导，牢牢掌握党对高校工作的领导权，使高校成为坚持党的领导的坚强阵地。"围绕"培养什么人、怎样培养人、为谁培养人"这一根本问题，认真落实新时代党的建设总要求，把加强党的全面领导融入高校办学治校各个环节，以高质量党建推进学校各项事业内涵式发展。学生党建是高校党建的重要组成部分，对加强落实高校"立德树人"根本任务具有特殊的重要作用。

学生社区是新时代高校大学生日常生活、学习交流的重要场域，是学生成长成才"第一课堂"的重要延伸。2017年，中共教育部党组印发《普通高等学校学生党建工作标准》指出："根据实际需要，探索依托重大项目组、课题组和学生公寓、社区、社团组织等建立党组织，探索学生党建工作向最活跃、最具创新能力的组织拓展，扩大党的覆盖面。"2022年教育部工作要点之一，全面开展"一站式"学生社区综合管理模式建设，要求常态化打造学生社区党建前沿阵地。

党建引领进社区，积极探索功能型特设党支部嵌入学生社区教育，缩短育人空间，切实增强大学生思想政治教育工作的亲和力，强调隐性教育和显性教育相结合，发挥1+1>2的协同育人作用，推动形成"三全育人""五育并举"新格局。

党建引领进社区的内涵

科学分析党建引领进社区的内涵及相关问题，主要在于理性阐释党建引领进社区"是什么"这一基本理论问题，这是党建引领进社区研究得以展开的逻辑起点，也是高校在学生社区利用党建引领切实提高大学生思想政治教育工作的亲和力、针对性、实效性的理论前提。

《关于加强和改进新形势下高校思想政治工作的意见》明确规定，在全面从严治党的引领下，把党的建设贯穿高校建设的全过程。学生党建是高校党建的重要组成部分，是高校意识形态教育的主要抓手，是化解、理顺学生党员和群众思想政治工作的重要着力点，是党对高校学生宣传教育马克思主义先进理论的重要渠道；是学生学习了解中共党史、新中国史、改革开放史等国情教育，社会主义民主和法治教育，形势政策教育的重要窗口；是培养学生继承中华民族优秀文化和民族团结意识的重要平台。可见，学生党建承载着高校思想政治教育的重要内容。

党建引领进社区，将党组织的影响力渗透到青年学生学习、生活的方方面面，坚持学生在哪里，党的建设就推进到哪里，将党的思想建设、组织建设、作风建设向最具创新活力的学生社区拓展和覆盖。充分发挥学生社区党组织、党员、优秀学生的模范带头作用，以大学生为主体，实现大学生自我教育、自我管理、自我服务，从而构建和谐的学生社区文化和良好的人际关系。

党建引领进社区，坚持"以学生为本"的先进育人理念，以教育、服务和引导青年大学生为核心，以提高大学生思想政治素质为重点，通过服务的贴心性、教育的针对性和资源的优化整合，引导大学生不断树立正确的世界观、人生观和价值观，提高明辨是非的能力，提高大学生的政治素养和思想觉悟。

党建引领进社区，构建纵到底、横到边、全覆盖的基层党建工作格局，围绕学生、关照学生、服务学生，以解决学生思想问题和解决学生实际问题相结合，把学生党建工作渗透到学生社区日常工作中，把党建工作渗透到为学生办实事的具体活动中，让学生社区成为学生党建的前沿阵地。党建引领进社区，以马克思主义先进理论为指导，紧紧围绕落实"立德树人"根本任务，坚持以问题为导向，聚焦学生社区和高校思想政治教育的薄弱环节，积极探索新时代党建引领育人工作，提高高校思想政治教育工作的亲和力和针对性，扎实提升高校育人工作的实效性。

第二节

党建引领进社区的价值意蕴

开启全面建设社会主义现代化国家新征程，高校应积极探索党建引领进社区，将党建设在学生社区最具创新活力之处，是高校落实"立德树人"根本任务的关键所在。以强化党建引领为学校发展立"根"，以强化高校思想政治教育工作为学校发展铸"魂"，构建全方位、多层次、立体化的党建引领思想政治教育新格局，推动高校事业内涵式、高质量发展，全力培养担当民族复兴大任的时代新人。

一、加强高校党的建设的题中应有之义

2021年，中共中央印发的《中国共产党普通高等学校基层组织工作条例》明确提出，"可以依托学生社区设置师生党支部"。将党的建设深入学生社区这一"神经末梢"，打通育人"最后一公里"，坚守基层组织"战斗堡垒"政治定位，引领学生社区成为高校党建的主阵地。以学生社区为载体，将高校党建融入新时代、适应新特点，满足新要求、解决新问题，汇聚新动力、开创新局面，凸显政治领导力、思想引领力、群众组织力、社会号召力。

党建引领进社区既是坚持党对高校教育事业的全面领导，也是党的群众路线的具体实践。2019年全国高校党建重点推进十项工作之一，就是开展"一站式"学生社区建设试点工作；2022年教育部工作要点之一，就是全面开展"一站式"学生社区建设工作，要求常态化、机制化打造学生社区党建前沿阵地。发挥学生社区"神经末梢"党建主阵地作用，创新高校党建的开展形式，党建促团建促班建促群建，增强基层党组织、党支部活力，强"根"固"魂"，促进高校党建事业高质量发展。

二、提升高校育人实效的内在诉求

习近平总书记在全国教育大会上强调："加强党对教育工作的全面领导，是办好教育的根本保证。"高校党建统领大学生思想政治教育工作，把党的政治和组织优势转化为育人优势，引领带动育人资源的统筹整合，形成育人合力。引导大学生不断坚定"四个自信"，增强"四个意识"，做到"两个维护"，树立"四个正确认识"，凝聚广大青年立志听党话、感党恩、跟党走，争做社会主义合格建设者和可靠接班人。

《关于进一步加强和改进大学生思想政治教育的意见》明确提出："高校要高度重视大学生生活社区、学生公寓的思想政治教育工作。"以立德树人为中心，坚持育人导向，强化党建引领学生社区建设，将"大思政"融入学生社区的每个角落，线上线下相结合，显性教育与隐性教育相统一，切实提高高校思想政治教育工作的亲和力。关心关注每一位学生的思想问题和实际问题，精准思政，切实提高高校思想政治教育工作的针对性，从而构建"全员、全过程、全方位"立体化育人格局，让高校思想政治教育工作实起来、动起来、活起来，切实提高党建引领高校思想政治教育工作的实效性。

党建引领进社区的作用机理

学校坚持以习近平新时代中国特色社会主义思想为指导，坚持党建引领，传承中华优秀传统文化，积极推进"一站式"学生综合管理创新，努力将学生社区打造成学生党建前沿阵地，全面统筹教育教学的育人资源和育人力量，构建"三全育人"大格局，使高校思想政治教育工作更有温度、更有力度、更有效度。党建引领进社区的作用机理主要表现在以下几个方面。

一、完善立德树人教育共同体，抓好全员育人

"立德树人"是高校的根本任务，高校各领域、各环节、各种育人力量都应当为"立德树人"服务。在学校党委的领导下，以党建引领充分调动多方育人力量参与学生社区建设的积极性，多部门齐抓共管，通力合作，着力提升思想政治教育工作的协同性，抓好立德树人的全员育人体系。学生社区应当成立学生事务委员会，实行月工作例会制度，商议学生社区内学生诉求、安全稳定、突发事件、实践育人、创新创业等各类学生事务。

（一）校内力量全员参与

在学校党委的领导下，积极推动领导力量、管理力量、思政力量、科研力量、服务力量、学生党员干部下沉学生社区，引导领导干部、专任教师、思政队伍、行政管理教师自觉践行"一线规则"，创新学生基层党组织建设，扎实推进学生党员、朋辈力量"亮身份、践承诺、做表率"，努力做到"学生在哪里，党的组织就覆盖在哪里，哪里就有党的工作、党的教育"。

（二）校外资源协同推进

聚合校外专家、学者、校友等多方力量，丰富学生社区育人力量。充分挖掘重庆市红岩精神、抗日战争史、重庆市地方史研究资源，邀请多位行业专家进校园进学生社区，为学生开展专题报告，深化学生理性认知。

（三）学生主体自我管理

坚持教育与自我教育相结合，发挥学生主体作用，整合"川外学生之家"、年级长联席会、党员大学生示范岗、大学生心理健康协会、勤工助学中心形成"川外学生之家委员会"，搭建学生自我教育、自我服务、自我管理的交流平台。同时，为打通育人"最后一公里"，在学生社区成立"川外学生之家"功能型特设党支部，依托特设党支部设立"党员服务站"，成立学生党员志愿服务队，积极践行"为人民服务"的理念，发挥中共党员、学生先进分子先锋模范作用，扩大朋辈力量辐射范围。

二、加强立德树人过程联结体，抓紧全过程育人

高校思想政治教育工作育人科学性，其基础在于针对学

生身心发展和个体差异开展延续性活动。党建引领进社区，将价值塑造、知识传授、能力培训及学生社区创新性发展融入学生社区课程育人、实践育人、服务育人、管理育人等"十大育人体系"，贯穿学生在校学习生活全过程，促进学生健康可持续发展，为终身教育服务。

党建引领进社区，应遵循高校思想政治教育工作、教育教学规律、学生成长成才规律，坚持分类指导，学生特色发展。加强立德树人过程联结体，坚持"以学生为中心"，针对不同学习阶段的学生需求不尽相同的特点，既要有普及性教育引导或者服务，也要有专属性教育引导或服务。通过党建引领进学生社区，根据不同阶段、不同层面的思想政治教育工作的重点、难点，有针对性地将高校思想政治教育贯穿学生学习全过程，形成育人闭环，实现全过程育人效果最大化。

三、搭建立德树人场域综合体，抓实全方位育人

党建引领进社区，显性教育与隐性教育相结合，线上线下资源相融合，将"大思政"融入"一站式"学生社区每个角落，构建"大思政"立体化育人格局。不断优化整合校内外育人资源，拓展育人空间，强调德智体美劳"五育并举"均衡发展，抓实学生社区全方位育人。

（一）线上线下阵地相融合

自2015年以来，学校坚持以习近平新时代中国特色社会主义思想为指导，坚持"三全育人"理念，探索以党建引领为核心，聚力打造集文化熏陶、生活保障、运动健康、成长支持等功能于一体的学生社区育人场域综合体。依托线上线下"川外学生之家"社区家园建设，发挥1+1>2协同育人作

用，推动形成"五育并举"新格局。

（二）校内外场域相结合

学校坚持"以生为本"理念，促进学生全面发展，既注重学生社区内涵式发展，也注重学生社区的外延发展，坚持"引进来与走出去"相结合。"引进来"，营造浓郁的文化氛围，打造中华民族优秀文化沉浸式学习基地，每年组织高雅文化进校园、戏曲进校园、红岩革命故事展演进校园。"走出去"，学校积极打造校外育人实践基地。2020年12月，学校与重庆红岩联线文化发展管理中心签署合作协议，共建红岩文化与思想政治教育研究中心和四川外国语大学思想政治教育实践基地，帮助在校大学生更好地学习了解红岩革命历史文化，传承红岩精神。同时，学校构建"乡村文化振兴"暑期社会实践基地，引导在校大学生将论文写在中国大地上。

党建引领进社区的路径探析

学生社区作为学生交流互动最经常最稳定的场所、课堂之外的主要教育阵地，如何在党建引领下充分发挥学生社区的育人实效呢？学校坚持党建引领，传承军大传统，"四个聚焦"，坚持以问题为导向，努力将学生社区打造成学生党建前沿阵地，构建干部领学、专家导学、师生研学、实践促学的学习教育体系，切实提高在校大学生思想政治教育的育人实效。

一、聚焦"学"，夯实理论基础

聚焦于"学"，夯实学生理论基础，通过原原本本学、集中研讨学、知行合一学，推动新思想新理论往深里走、往心里走、往实里走，做到入脑入心、知行合一。有目的、有计划地安排专题报告、理论宣讲等显性教育方式进学生社区，向学生宣传党的理论和路线方针政策，弘扬主旋律。

学生在哪里，思想政治教育工作就推进到哪里。学校紧跟时事热点，建立"校外专家—领导干部—思政专家—辅导员—优秀学生"五级联动，开展专题宣讲，深入学生社区导学，坚持教育与自我教育相结合，带领学生学习党的创新理论和习近平总书记系列重要讲话精神，将"大思政课"融入学生社区的每一个角落，促进"大思政课"更加鲜活。

为了做好学生的思想引领，"川外学生之家"特设党支部邀请思政专家和优秀工作者，做客学生之家，为学生"讲精神、谈体会、明思想"，进行习近平新时代中国特色社会主义思想导学，带领学生研讨学习。"川外学生之家"特设党支部成立第一年开展了5期理论宣讲，第一讲邀请到本校马克思主义学院院长钟谟智教授，为学生解读党的十九届四中全会精神。

学校立足于重庆本土，邀请重庆市理论宣讲团专家成员、马克思主义学科专家学者，围绕党的二十大精神、十九届历次会议精神、党史学习教育、习近平生态文明思想等主题，先后组织了10余场专题讲座。结合学校专业发展特色，邀请中央党校专家工作室领衔专家、《习近平谈治国理政》编辑组专家、中国外文局、外文出版社首席专家等开展专题讲座和培训20多场次。

学校积极推进领导干部、思政力量下沉学生一线，立足学校实际，结合主题党日、主题团日、主题班会，进行党的创新理论专题巡讲，覆盖全校17000余名学生。例如，2022年11月，在新冠疫情处置取得关键性胜利的重要时刻，"因事而化、因时而进、因势而进"，挖掘抗疫防疫思政内容，校领导、中层领导干部、辅导员三级联动，以"同向同行　同心同德——在抗疫防疫的伟大斗争中成长成才"为主题，用师生共同的经历和熟悉的案例讲授抗疫防疫"大思政课"。

二、聚焦"研"，开拓眼界思路

聚焦于"研"，用好"调查研究"这个途径，坚持以问题为导向，在察实情、出实招、求实效上下功夫，深入一线调查研究，引导和帮助广大青年学生上好与现实相结合的"大思政课"，在社会课堂中"受教育、长才干、做贡献"。

（一）"专业+实践"研学

鼓励学生根据自己的翻译实践撰写心得体会；组织时政热点报告会、关键词翻译比赛、中国梦口译大赛、"我与对外宣传"等主题活动。为深入学习领会党的二十大精神，培育优秀翻译人才，2023年3月9日下午，四川外国语大学德语学院"红岩团校"在歌乐楼A513开展"学习党的二十大、永远跟党走、奋进新征程——《习近平谈治国理政》翻译微研讨"主题团日活动。

（二）实地调研学习

依托中国国际"互联网+"大学生创新创业大赛，青年红色逐梦之旅，"小我融入大我，青春献给祖国"主题社会实践，在社区广泛开展"青春践行党的二十大"主题活动，通过亲身讲述、分享交流、朋辈对话等形式，引导学生将"小我"成长融入"大我"奋斗，引导和帮助广大青年学生上好与现实相结合的"大思政课"，在社会课堂中"受教育、长才干、做贡献"，坚定信念听党话、跟党走。例如，2022年7月7日，学校国际工商管理学院大学生志愿者暑期"三下乡"社会实践党史学习教育团一行21人，前往重庆市武隆区火炉镇筏子村电商便民服务点参观学习，实地考察筏子村仙女脆桃种植示范基地。同学们真切感受到党的十八大以来筏子村加强党的建设，落实习近平总书记嘱托，干部勇于担当有作为，带领村民脱贫致富奔小康，全面推进乡村振兴的新局面。实践团的同学们就着田间地头开展党史教育宣讲课，讲述红岩英烈故事，传承红岩精神，赓续红色血脉。

三、聚焦"比"，培育争先氛围

聚焦于"比"，打造"学练考赛"一体化模式，不定期开展相关比赛，培育争先氛围。聚焦于"比"，实施"深学争优、敢为争先、实干争效"行动，确立"学就学深入、为就为到位、干就干出彩"的目标导向，扎实推进习近平新时代中国特色社会主义思想入脑、入心、入行。

坚持边实施边完善，边完善边提高，边提高边宣传，定期开展总结交流，开展"优秀党员""优秀志愿者""校庆优秀志愿者""优秀党员志愿者"等评选活动。发挥融媒体矩阵作用全方位发力，树立典型，扩大影响，打造亮点。

优选热爱学习、善于学习、学以致用的先进典型，充分调动大学生理论学习积极性。举办《习近平谈治国理政》知识竞赛暨主题教育活动、"知史爱党、知史爱国"党史学习笔记比赛，鼓励广大师生学理论、悟思想、见行动。立足于外语院校国际人才培养需求，各学院结合专业特色，开展"专业+"个性化比赛。

例如，2022年5月13日下午，学校通识教育学院举办了"红岩精神·永放光芒"英语故事讲演比赛。本次比赛以"铭记光辉历史、传承红色基因、发扬革命精神"为宗旨，以"红岩故事"为主要演讲内容，教育引导青年学子在新时代背景下不忘革命初心，牢记历史使命，传承红色基因，增强爱国情怀，锻炼学生用英语讲好中国故事的能力。

四、聚焦"行"，拓展学习成果

习近平总书记指出："要坚持理论与实践相结合，注重实践中学真知、悟真谛，加强磨炼、增长本领。"要坚持干中学、学中干，善于思考总结，善于笃定钻研，在实践中出真知，在实践中长真才。学校坚持"以生为本"理念，全面激发大学生的活力及热情，将党建学习之"思"源源不断地落实到党建引领之"行"中。

（一）学为人师、行为示范

学校以育人为中心，以学生为主体，服务管理队伍全面覆盖，融入学生社区。校领导带头前往"川外学生之家"，开展"校领导接待日"活动，解答解决学生成长发展、生活需求等多方诉求。例如，2022年11月15日至17日，校党委书记邹渝、校长董洪川等校领导分别在东、西校区开展"校领导接待日"活动，学校相关职能部门负责人、驻楼学院书记、辅导员代表和学生宿舍楼长、层长参加了活动。校领导向与会人员介绍了学校"1103"新冠疫情应急处置取得的阶段性成果，鼓舞大家共同战疫的信心。

推进领导干部深入基层联系学生，"扶困""扶智"与"扶志"相结合，关注学生不同需求，开展专属性服务。坚持领导干部带头下沉、学工队伍全员下沉、教职员工分类下沉、后勤人员全时下沉，倾听学生诉求、解答学生疑惑，传递关心关怀，搭建师生间沟通平台。

例如，2022年9月15日，学校新生开学的日子，学校为当天过生日的同学送上蛋糕与礼物。"陶敏悦，今天是你的生日，祝你生日快乐。在这个入学报到值得纪念的日子，祝你的大学生涯学有所获。"当天中午12点，在学生宿舍松苑1舍，中国语言文化学院中文专业新生陶敏悦刚和室友们安顿好行李，就收到了学校党委书记邹渝、校长董洪川一行送来的问候和生日礼物。

（二）自我管理志愿服务在平常

学校成立校级、院级朋辈导师组，开展朋辈沙龙分享会。自2016年起，邀请8~10位朋辈导师，与本科新生一起开展"实践遇见未来"大型朋辈分享活动，每年覆盖学生人群可达3500余人次。大学生党员志愿服务队在日常学习生活实践中践行雷锋精神，向善向上。自2021年志愿服务队成立以来，共有1000余人次参与了志愿者活动，志愿服务时长达8000余小时。学校开展了毕业离校暖心志愿服务、迎新生志愿服务、山城护山志愿活动、新冠疫情期间秩序维护志愿活动、线上志愿课堂等活动。自2012年起，学校逐渐探索和完善"设计一本毕业纪念册、举办一场毕业典礼、拍摄一部毕业视频、制作一次毕业摆件、赠送一份毕业礼物、做好一次离校教育""六个一"毕业教育模式，在每年6月毕业季开展此活动，可覆盖4500余名应届毕业生，凝聚起浓浓的校友情。

06

第六章

红色文化
进社区

《高校思想政治工作质量提升工程实施纲要》提出构建文化育人质量提升体系。注重以文化人、以文育人，深入开展中华优秀传统文化、革命文化、社会主义先进文化教育，推动中国特色社会主义文化繁荣兴盛，牢牢掌握高校意识形态工作领导权，践行和弘扬社会主义核心价值观，优化校风学风，繁荣校园文化，培育大学精神，建设优美环境，滋养师生心灵，涵育师生品行，引领社会风尚。

红色文化是革命文化的重要组成部分，既属于中华优秀传统文化，又具有独特的时代性，是理论与实践有机结合的产物。红色文化作为引领时代精神风貌的先进文化，是在中国特色社会主义实践中创造的先进理论和崇高精神。红色文化进学生社区，营造浓郁的文化氛围，引导大学生树立文化自信，厚植爱国主义情怀，对加强理想信念教育、世界观教育、人生观教育、价值观教育等具有重要作用，是大学生思想政治教育的重要文化根基。

四川外国语大学地处红岩精神的重要发源地，具有光荣的军大传统和红色基因。研究学校历史沿革不难发现，学校一直在积极探索红色文化进社区，构筑立德树人精神高地，将红色基因与大学生日常学习生活相结合，激活红色文化的情感效应，润物细无声地引导学生从中汲取"养分"，获得人生启迪、精神力量、时代思想，引导学生自觉锤炼品格、学习知识、创新思维、奉献祖国。

红色文化进社区的内涵

科学分析红色文化进社区的内涵及相关问题，主要在于理性阐释红色文化进社区"是什么"这一基本理论问题，这不仅是红色文化进社区研究得以展开的逻辑起点，也是高校利用红色文化这一宝贵资源开展思想政治教育的理论前提。

一、红色文化的内涵

红色是中国共产党、中华民族最鲜亮的底色。红色文化是中国共产党以马克思主义为指导，吸收中外优秀文化创造的先进文化。它代表了中国共产党人和中华民族的优良品格，不仅是中华民族价值观体系的重要组成部分，更是凝聚国家力量和社会共识的重要精神动力。具体而言，红色文化是指中国共产党领导中国各族人民在革命斗争和建设实践中所形成的伟大革命精神及其载体，其核心凝聚着革命先烈甘愿抛头颅、洒热血，牺牲自我赢得革命胜利，以及人民当家作主、建设美好新生活的理想和追求。

红色文化深深根植于中华优秀传统文化沃土，自诞生以来就打上了中华优秀传统文化的深深烙印，并传承着中华优秀传统文化的优良基因，也是马克思主义中国化伟大实践的具体体现。从内容构成上看，文化主要分为物质文化、制度文化及精神文化。精神文化是红色文化的内核层，其精髓是"红色革命精神"，主要包括苏区精神、井冈山精神、长征精神、延安精神、红岩精神等多种形态。习近平总书记提出，苏区精神是对中华民族精神新的升华，长征精神是中华民族自强不息的民族品格的集中展示，也是以爱国主义为核心的民族精神的最高体现，抗战精神展示了天下兴亡、匹夫有责的爱国情怀。这些论述都充分凸显了红色文化继承、发展中华优秀传统文化的优良品格，又积淀着中华民族最深沉的精神追求。红色文化的中层内容，主要体现为制度文化，例如革命纲领、方针、道德规范、风俗习惯等。红色文化的外层内容表现为物质文化，又可称为文化实体，是看得见、摸得着的真实物品，主要表现为革命旧址、遗迹、文献、遗物等形式，例如四川外国语大学校园内的蒋家院子。

二、红色文化进社区的内涵

红色文化进社区，意味着让红色文化不只停留在历史教科书里，也不只是在课堂上讲一讲，而是主动走到前台，贴近学生学习、生活和实际。遵循"坚持全员、全过程、全方位育人"这一基本原则，依托学生社区日常思想政治教育活动，让学生从红色文化"活教材"中汲取丰富的"营养"。

红色文化进社区的根本目的在于将集理想信念、爱国主义、道德品格、奉献精神、艰苦奋斗等精神于一体的宝贵精神财富，作为学生日常思想政治教育的主要内容。红色文化进社区，充分发挥大学生日常思想政治教育主阵地的功能，利用革命遗迹、革命纪念馆，以及展现红色文化的影视作品、小说、故事等物质载体，让大学生在身临其境中思考，进一步加深对红色文化的理解。例如，四川外国语大学不仅具有军大传统，而且紧邻红岩联线景区，开展红色文化进社区活动，可让学生社区自然而然地充满红色校园文化氛围，让学生在不知不觉中接受思想政治教育，达到"润物细无声"的教育效果。

红色文化进社区的价值意蕴

厘清红色文化进社会的价值意蕴，旨在解答"为什么"这一基本问题。红色文化进社区，切实增强了高校日常思想政治教育的亲和力和针对性。在学生社区这一宣传阵地上，致力于打造"大思政课"，帮助青年大学生学习了解红色革命历史文化，传承红色文化精神，树立文化自信，厚植爱国主义情怀，坚定理想信念。这有助于青年不忘历史、面向未来，在薪火相传、继往开来中勇毅前行。

一、树立文化自信

习近平总书记指出："我们说要坚定中国特色社会主义道路自信、理论自信、制度自信，说到底是要坚定文化自信。文化自信是更基本、更深沉、更持久的力量。"文化是一个国家、一个民族的灵魂，积淀着一个国家最深层的情感和精神追求。文化内化于心，外化于行，具有稳定性和长期性。文化自信是一个民族、一个国家、一个政党对自身文化理想、文化价值的肯定和积极践行，对自身文化生命力、创造力的高度信任。

红色文化进社区，坚持教育与自我教育相结合，在潜移默化中将红色文化所蕴含的崇高理想融入大学生学习、生活的现实场景。这有助于不断引导和强化大学生的正确认知，纠正和改变错误认知，形成符合社会主义主流意识形态所倡导的价值观念、道德规范等行为准则。深刻理解红色文化的根本特质和时代价值，用理论指导实践，从认知到认同再到积极践行，使红色文化所蕴含的中国特色社会主义文化"入脑、入心、入行"，进一步增强大学生的文化自信。

二、厚植爱国主义

爱国主义是中华儿女最自然、最朴素的感情，是中华民族的民族心、民族魂，是中华民族最重要的精神财富。习近平总书记指出："实现中国梦，必须弘扬中国精神。用以爱国主义为核心的民族精神和以改革创新为核心的时代精神振奋全民族的'精气神'。""爱国主义教育是提高全民族整体素质和加强社会主义精神文明建设的基础性工程。"厚植大学生爱国主义教育是高校思想政治教育的基础性工作，也是重点工作。

2014年9月，习近平总书记在纪念中国人民抗日战争暨世界反法西斯战争胜利69周年座谈会上指出："在波澜壮阔的中国人民抗日战争中，千千万万的抗战英雄抛头颅、洒热血，为战争胜利作出了重大贡献，为铸就伟大的抗战精神作出了重大贡献……是中华民族自强不息的民族品格的集中展示，是以爱国主义为核心的民族精神的最高体现。"红色文化具有丰富而深刻的思想内涵，具有鲜明而深远的时代价值，是实现中华民族伟大复兴中国梦的重要精神支柱，也是新时代爱国主义教育的宝贵精神财富。

红色文化进社区，旨在营造健康积极的爱国主义教育场域，构建全员参与、全方位、立体化、多层次的教育体系，将爱国主义教育贯穿于大学生成长全过程。红色文化凝聚了革命英雄为国分忧、为民解难的爱国情怀和担当意识，能积极地对大学生进行思想引领，激发大学生的爱国情感，强化民族意识，提高民族自信心，使爱国主义精神在心中牢牢扎根。红色文化进社区，更加侧重于大学生的情感体验，通过沉浸式体验革命英雄气概，引发大学生的情感共鸣，培养大学生的爱国情怀，自觉践行爱国主义，将"爱国之情"落实为"爱国之行"。

三、坚定理想信念

习近平总书记指出："广大青年要坚定理想信念，志存高远，脚踏实地，勇做时代的弄潮儿，是在实现中国梦的生动实践中放飞青春梦想，在为人民利益的不懈奋斗中书写人生华章。"习近平总书记的多次重要论述，都指明了坚定不移地对广大青年进行理想信念教育，对于走好新时代长征路具有重要意义。坚定大学生的理想信念，系好大学生人生的"第一颗扣子"，增强大学生的社会责任感和历史使命感，引导大学生在想干事、能干事、干成事中实现人生价值，为实现中华民族伟大复兴中国梦贡献青春的力量。

红色文化进社区，应合理运用大学生乐学爱听、易于情感共鸣的教育手段，既严肃活泼又深入生动地学习研究党的百年奋斗历程，引导大学生从红色党史中把握历史规律、汲取真理力量。引导大学生把学习成果转化为不可撼动的理想信念，养成正确的世界观。引导大学生学、思、悟相结合，在中国特色社会主义生动实践和伟大成就中汲取养分。引领大学生理性辩证思考，培育正确的人生观。红色文化进社区，理论联系实际，理论指导实践，引导大学生将思想之"魂"、本领之"体"附于担当之"行"，树立正确的价值观。

红色文化进社区，向大学生立体呈现新时代中国特色社会主义伟大实践，增强新时代大学生的自信心和自豪感，不断地从中国共产党党史、新中国史、改革开放史、社会主义发展史中汲取思想之光、精神之钙、力量之源，引导大学生坚定共产主义远大理想和中国特色社会主义共同理想，为走好新时代长征路、启航新征程汇聚强大的青春力量。

红色文化进社区的路径探析

红色文化进社区，是拓展高校思想政治教育新阵地的重要内容。重庆是一片底蕴深厚的红色热土，红色文化资源相当丰富。四川外国语大学坚持"育人为本"，以学生为中心，将校史校情教育与学校军大传统相结合，将红色文化这一重要思政资源融入学生社区，营造浓郁的红色校园文化氛围，开设新时代的"大思政课"，使学生学有所思、学有所得、学有所用。

一、深化认知：红色文化入思想引领新高地

深挖重庆本土红色文化资源，立足高校实际，组织校内外多方力量，共同诠释红色文化的时代精神。学生社区作为课堂主渠道的外延，搭建平台建立红色文化教育"面对面"品牌，通过系列化、经常性的"面对面"活动，使红色文化教育专家、思政课教师走出教室，深入社区，与学生面对面交流。通过打造红色文化浸润思想引领新高地，深化新时代大学生对红色文化精神入脑入心，在主观思维中深化对红色文化的感性认知，强化对红色文化的认同感。具体途径主要

有开展红色文化教育专题报告、思政教师深入社区开设"思索"课堂、开展"专业+红色文化教育"融合活动等形式。

（一）邀请校内外专家作专题报告10余场次

开展专题报告具有主题突出、系统性较强等优点。学校立足本土优势，汇聚校内外资源，邀请学术功底深厚、研究视野开阔的红色文化研究者担任主讲人。这些研究者对红色文化形成的历史背景、内涵、特征及价值等范畴均有深入研究，他们深入学生社区宣讲，可以将相关主题讲透、讲精。四川外国语大学坐落于重庆市沙坪坝区，广袤的巴山渝水孕育了重要精神成果——红岩精神，是中国共产党人精神谱系的重要组成部分。学校每年都会不定期地邀请校外红岩精神研究专家走进学生社区，宣讲红岩精神，带领学生共同探索红岩精神形成的历史，深化理性认知，例如，邀请重庆市红岩革命历史博物馆原馆长厉华，中国抗日战争史学会副会长、重庆市地方史研究会会长周勇等知名人士。同时，学校每年都会邀请校内思政专家为红岩团校学生干部培训班开办专题讲座，充分发挥先锋模范带头作用。

例如，2020年11月6日，重庆市红岩革命历史博物馆原馆长厉华为学校近千名师生作专题报告，主题为"红岩魂，信仰的力量"。首先，他介绍了红岩革命历史，重点讲解了"白公馆"和"渣滓洞"看守所的历史故事，并讲述了何敬平、李青林、胡其芬三位烈士在看守所中不屈不挠、宁死不屈的英勇事迹。他表示，众多被关押在白公馆、渣滓洞的共产党人经受酷刑折磨，仍不屈不挠、奋勇反抗，他们以英勇不屈铸就的"红岩精神"代表着重庆历史文化传统与人文精神的积淀，同时也是中国共产党带领中国人民不断奋勇前进的精神支柱。其次，他指出，三年来全国抗击新冠疫情中孕育并诞生的"抗疫精神"是中华民族集体智慧和力量的结晶，是老一辈革命家斗争精神和革命力量在现代社会的集中体现。

（二）思政教师进社区开设"思索"课堂

作为思政课程主渠道的补充，思政教师进入学生社区开展红色文化微宣讲。"思索"课堂在理论研讨的基础上，采取研究式、探讨式的方式开展，既注重适量的理论输出，又强调学生的主体性，充分发挥学生的主观能动性。"思索"课堂采取微课堂模式，教师需更加关注学生实际，尽量采用学生喜闻乐见的方式开展活动，实现历史性与时代性的有机结合，进一步激发学生的认知兴趣和内心的情感共鸣。例如，学校党委学工部多次邀请马克思主义学院思政教师或者国际关系学院政治学教师，深入学生社区开展相关主题的微宣讲。

又如，2021年6月8日，学校马克思主义学院教师胡妍走进"川外学生之家"，开展主题为"举旗定向 康庄大道——漫谈邓小平与改革开放"的微宣讲，带领学生们共同探讨邓小平同志对20世纪70年代末到90年代的社会现实的思考，深度了解改革开放的历史背景及其意义。

（三）结合实际开展"专业+红色文化教育"学习实践

学校、学院结合专业特色，在专业学习实践中，融入红色文化教育，遵循"隐性思想政治教育"理念。其出发点在于以红色文化教育为切入点，以专业学习实践"第二课堂""第三课堂"为载体，把思想政治教育工作贯穿于教育教学全过程，实现全程育人、全方位育人和全员育人。四川外国语大学实行校院联动工作机制，充分发挥各个学院的专业特色，尤其是结合多语言特点，开展"专业+红色文化教育"学习实践，完善学生的知识结构，拓宽学生多学科视野，润物无声地强化思想引领。

例如，从校级层面来看，2021年4月，学校和重庆翻译学会联合主办了"重庆市大学生中共党史多语种翻译大赛"，充分利用重庆本土红色资源、学习革命先烈的英雄事迹，引导大学生在专业学习实践中深入学习、研究和运用党史，更加深入地体悟党史育人的深刻内涵。

从院级层面来看，2021年5月，学校中国语言文化学院举办"重庆地名大会"，大会主题为"畅游红色故土，探寻地名文化"，重温习近平总书记在渝重要足迹，以地名知识为载体，从地理、历史、语言、文学、民俗等角度全方位展现红色地名故事。

二、情感激发：红色文化进学生实践

"行是知之始，知是行之成"。认识源于实践，并指导实践；实践不断强化认识、加深认识、修正认识。学生实践是大学生思想政治教育的重要环节，红色文化进学生实践，不仅为大学生内化红色文化提供了形式多样的载体，而且有利于引导大学生对红色文化核心要义的认知到认同并积极践行。课堂教育是基础，学生实践是有益补充，二者相辅相成、缺一不可。开展大学生喜闻乐见、生动活泼、形式多样的实践活动，有利于增强红色文化思想教育的吸引力和实效性。四川外国语大学结合历史传统，充分发挥地利优势，以多种方式让学生在实践中阅读历史、在体验中感悟红色文化精神，尤其是红岩精神。

（一）打造红色文化教育实践基地

红色文化教育实践基地是红色文化进学生实践的有效载体，能丰富育人内容、延展教育形式。学校组织大学生前往实践教育基地开展考察、调研、瞻仰等活动，提高大学生学习红色文化的兴趣，在实践中触摸历史、穿越历史、对话历史，更加深刻地体悟红色文化精神。

四川外国语大学非常重视校史馆的建设，充分发挥校史馆育人功能，每年开学季，都会组织新生参观校史馆及学生园区内的蒋家院子，实地体悟学校的军大传统与红色文化，增强学生对学校的认同感、对历史的认同感。

学校地处重庆，为了帮助在校大学生更好地学习、了解红岩革命历史文化，传承红岩精神，2020年12月，学校与重庆红岩联线文化发展管理中心签署合作协议，双方一致同意共建红岩文化与思想政治教育研究中心和四川外国语大学思想政治教育实践基地。本着协同育人、优势互补、合作共赢的原则，围绕大学生红色文化教育、爱国主义教育、红色文化多语种翻译及学生互培、专家互聘、资源互享等方面进行深入合作。

（二）开展主题鲜明的实践活动

红色文化进社区，立足于学生全面发展，做到理论教育与实践教育相统一，积极发挥学生思想政治教育的主体性，有利于大学生将学到的理论知识与实践体验相结合，在实践过程中切身体验和感悟红色文化的精神要义，从而内化红色文化，从认知到认同并积极践行，做到知行统一、全面发展。学校可结合本校实际与学生特点，开展丰富多样的学生实践活动。

组织学生实地走访参观。四川外国语大学充分利用重庆红色文化资源类型丰富、数量众多、特色突出、分布集中的优势，充分挖掘重大纪念日、重大历史事件蕴含的爱国主义教育资源，组织学生实地参观访问红岩魂广场、白公馆监狱旧址、渣滓洞监狱旧址、红岩村、曾家岩等革命遗址，开展重温入党誓词、缅怀革命先烈等活动，追寻红岩英烈的足迹，传承红岩精神。学校主要从以下三个方面展开。

（1）校级层面，结合国庆、五四、学雷锋纪念日、"11·27"纪念日等重要时刻，多次组织学生前往红色文化教育基地开展缅怀革命先烈活动。依托学校附近丰富的红色资源，学校先后举办了两届"川外学子话红岩"红色故事讲解路演比赛，组织学生深入实景、实地讲述红岩故事，传承红岩精神。

例如，2021年11月27日，学校党委学工部组织"川外学子红色研学活动"，党委学工部和"川外学生之家"特设党支部的学生代表走进红岩魂陈列馆和1949大剧院缅怀先烈，聆听英烈故事，观看红色剧目，实地对话历史。

（2）院级层面，各学院结合本院实际情况，组织师生一起前往红色革命教育基地开展常态化党史学习教育。例如，2021年4月，四川外国语大学英语学院党总支组织师生前往重庆市党史学习教育基地重庆中国三峡博物馆，实地开展主题党日活动。同月，商务英语学院团总支开展庆祝中国共产党成立100周年"寻红色足迹、学百年党史"主题教育活动。

（3）与大学生志愿服务相结合。新时代大学生志愿服务是青年大学生传承红色文化精神、践行理想信念的有效途径。引导学生深刻感悟红色文化的精神力量，激活红色文化助力

"学史力行",以行践知。学生党员志愿服务队前往红岩精神教育基地开展志愿者活动,学思践悟红岩精神,让"为人民服务"的理念入脑、入心、入行。

例如,2022年5月29日下午,学校学生党员志愿服务队与山城志愿者合作,在红岩联线公路沿途进行了以清洁森林环境、环保文明宣传为主要内容的"歌乐山森林公园护山"志愿活动,旨在培养大学生知恩感恩、热爱劳动的优秀品质,将劳动感恩教育融入学习与生活,引导学生用劳动来回馈社会、回馈国家。

三、氛围营造:红色文化进校园文化

将红色文化融入校园文化建设,营造浓郁的文化氛围,创新红色文化传播途径与形式,让学生在耳濡目染间触摸历史脉搏、感知文化魅力、增强文化自信,从红色文化的学习中汲取理论的力量、信仰的力量、道德的力量、实践的力量。

(一)融入校园文艺活动

校园文艺活动是深受师生认同而且喜闻乐见的校园文化活动。将红色经典艺术融入校园文化的各种文艺演出,不仅繁荣了校园文化,丰富了大学生的课余生活,而且为红色文化增添了无穷魅力。将丰富多彩的红色文化以艺术形式展现出来,有利于加深大学生对红色文化的体验感和认知度,帮助他们理解红色文化的形成、发展过程,感悟中华民族文化的多姿风采。

一方面,高雅艺术"走出去"。2019年,学校"行千里·致广大"聆听世界的声音中外经典音乐会在重庆群星剧院举行市级公益演出。2020年,学校原创话剧《传承》走进四川美术学院、重庆市第八中学，重庆日报、第1眼新闻等媒体均作了专题报道。另一方面，高雅艺术"引进来"，学校每年均不定期举办高雅艺术进校园、戏曲进校园、非遗进校园、古籍修复技艺进校园、红岩故事展演进校园等活动，滋养师生心灵，涵育师生品行，引领校园风尚。

2020年12月7日，"传承时代基因，争做时代新人"红岩革命故事展演在学校大礼堂上演。艺术家们通过讲、诵、展、演等表演形式，结合历史图片和视频等史料，鲜活地诠释了红岩精神，用革命志士高尚的人格和新时代真理的力量，为师生们上了一堂具有鲜明特色、有情怀、有温度的思想政治理论课。

组建红岩故事讲演团。学校党委宣传部联合马克思主义学院组建青年学生党史讲演团，送故事进学生社区，主要以"讲""演"的形式，以陈望道、徐解秀、王继才、袁隆平等四位代表性人物故事为主线，讲演革命故事，传播红色文化。

（二）融入校园物质文化

校园物质文化将红色文化通过具体的物质形态呈现给大学生，形象生动、直击心灵的特点和优势能够引发大学生的情感共鸣，为深化大学生对红色文化的认知、认同营造浓郁的文化氛围。

1. 注重发挥校史馆、纪念馆的育人功能

校史馆是集中体现学校传统与校园文化的重要阵地，承载着展现学校历史文化的功能。四川外国语大学传承"双红基因"、弘扬"军大传统"，校史馆当仁不让地发挥着重要的育人作用。馆内，精心布局的展厅、历经变迁的珍贵物品，带领学生穿越历史、对话历史，体悟红岩精神和重庆革命文化精神。同时，学校地处红岩热土，学生园区内还有一处纪念馆——蒋家院子。学校党委宣传部和学工部每年均会组织新生参观校史馆、蒋家院子，目的是使广大新生更好地了解校情校史，传承学校精神文化，增进爱校荣校情怀。

2. 送红色文化展览进校园，繁荣校园橱窗文化

校园板报、橱窗具有良好的文化展示作用，以精美的海报配合生动的文字，讲述红色文化的内涵要义，是采用大学生喜闻乐见的传播方式涵养大学生精神世界的重要途径。

2021年10月11—20日，由重庆中国三峡博物馆主办，学校党委学生工作部承办，"川外学生之家"特设党支部、大学生党员示范岗协办的"百物话百年"馆藏百年历史文化展在松苑15栋举行。通过观看展览，学百年党史，承革命基因，传革命薪火。

（三）融入校园网络文化

在新媒体环境下，充分利用校园网络文化对大学生开展红色文化教育，进一步加强对中华民族优秀文化的传承与弘扬，是当下思想政治教育研究的一个重要课题。学校应因势而变、顺势而为，深刻把握校园网络文化的特点，充分利用融媒体矩阵开展红色文化教育。

1. 构建红色文化VR体验新场景

虚拟现实（Virtual Reality，VR）是指利用计算机生成一种模拟环境，通过多种传感设备使用户置身于该环境中，实现用户与环境直接进行感官交互的技术。构建红色文化VR体验新场景，能够突破成本和时空的限制，给大学生带来身临其境般的感官体验和逼真的效果，使其在感受红色文化的熏陶和浸润的同时，深化对红色文化的认知和认同。基于此，

学校打造了重庆首个"VR"党史学习共享空间。

2021年4月，学校举办"永远跟党走"——庆祝中国共产党成立100周年大型主题展览。现场不仅有"赏名画·学党史""悟思想·办实事""开新局·向未来"三个方面的展览内容，还结合传统艺术、虚拟仿真技术，全方位展现中国共产党的百年奋斗历程。师生通过展览留言、互动问答和合影打卡等方式积极参与互动。此次展览不仅图文并茂，还运用VR与党史相结合的形式，使观展者"身临其境"，与传统的党史教育方式相比，这种沉浸式体验带来的视听感受更加直击人心。

2. 应用视频直播模式

学校微信公众号、视频号应用目前受众广泛的视频直播模式，拉近了与大学生空间上的距离感，带给他们更加鲜活的视觉体验和身临其境的感受，可使红色文化通俗化、时尚化、立体化。2021年，立足于重庆红岩革命历史的短视频《山水重庆　中国桥都》，川外师生在英语版视频的基础上，重新翻译和编配了俄语、德语、法语等共7种语种的配音版，向60多个国家进行目标区域精准推送，阅读量高达2.13亿次。

3. 线上接力讲革命故事

习近平总书记强调，要讲好党的故事、革命的故事、根据地的故事、英雄和烈士的故事，加强革命传统教育、爱国主义教育、思想道德教育，把红色基因传承好，确保红色江山永不褪色。为此，学校在微信公众号开设"悦读阅美"党史学习教育特辑，开展革命故事诵读接力活动，用20种语种讲述党史故事。专辑主题见表6.1。

表6.1 川外微信公众号"悦读阅美"党史学习教育特辑主题

序号	标题
1	【悦读阅美】党史学习教育特辑 l 隆娅玲老师用阿拉伯语讲述《周后楷：死也不动摇共产主义信念》
2	【悦读阅美】党史学习教育特辑 l 白纯老师用缅甸语讲述《蓝蒂裕烈士：示儿》
3	【悦读阅美】党史学习教育特辑 l 陈旭老师用乌克兰语讲述《你会看到我们举过的红旗飘扬在祖国的蓝天》
4	【悦读阅美】党史学习教育特辑 l 高宇婷老师用波兰语讲述《毛泽东：学习一定要学到底》
5	【悦读阅美】党史学习教育特辑 l 徐曼琳教授用俄语讲述中共六大会址的前世今生
6	【悦读阅美】党史学习教育特辑 l 鲜非霏老师用希伯来语讲述《苟悦彬：报国不问家与身》
7	【悦读阅美】党史学习教育特辑 l 桑金拉姆用葡萄牙语讲述《钱学森：竭力回国一心向党》的故事
8	【悦读阅美】党史学习教育特辑 l 纳嘉怡老师用马来语讲述《唐虚谷：魔窟依旧是战场》
9	【悦读阅美】党史学习教育特辑 l 昝婷老师用意大利语讲述《周恩来的十条家规》
10	【悦读阅美】党史学习教育特辑 l 赵学林老师用罗马尼亚语讲述《红色家书：江竹筠致亲友谭竹安》
11	【悦读阅美】党史学习教育特辑 l Tóth Tamás 老师用匈牙利语讲述《周恩来夫妇：交党费的榜样》
12	【悦读阅美】党史学习教育特辑 l 杨杏初老师用捷克语讲述《毛泽东：送给陕北公学的两件"礼物"》
13	【悦读阅美】党史学习教育特辑 l 梁浩老师用泰语讲述《罗世文：高扬我们的旗帜》

序号	标题
14	【悦读阅美】党史学习教育特辑 l 申义兵老师用西班牙语讲述《邹韬奋：弥留之际求追认》
15	【悦读阅美】党史学习教育特辑 l 李大雪教授用德语讲述《朱德一生学习〈共产党宣言〉》的故事

此外，"川外学生之家"还组织承办了一批红色经典线上接力诵读活动，邀请校领导、老师和学生党员代表接力诵读党史故事片段。故事片段标题见表6.2。

表6.2 "川外学生之家"线上接力诵读党史故事主题

序 号	标 题
1	党史故事接力诵读 l 红船映初心，精神铸丰碑
2	党史故事接力诵读 l 井冈山精神：红色基因鲜活教材
3	党史故事接力诵读 l 延安精神永放光芒
4	党史故事接力诵读 l 彪炳史册的红岩精神
5	党史故事接力诵读 l 习近平就纪念长征发表讲话
6	党史故事接力诵读 l 伟大抗美援朝精神激励我们永远奋斗
7	党史故事接力诵读 l 方志敏：伟大的共产主义战士
8	党史故事接力诵读 l "两弹一星"精神是中华民族的宝贵精神财富
9	党史故事接力诵读 l 江竹筠：意志如钢铁的共产党员
10	党史故事接力诵读 l 向警予：我国妇女运动的先驱

07

第七章

优良学风
进社区

习近平总书记在全国高校思想政治工作会议上指出，"校风和学风既影响和决定着，又反映和体现着高校思想政治工作水平和成效""好的校风和学风，能够为学生学习成长营造好气候、创造好生态，思想政治教育工作就能润物无声为学生以人生启迪、智慧光芒、精神力量。"这一重要论述深刻揭示了优良的学风建设不仅为高校思想政治教育提供了重要的环境、文化和精神支撑，而且对提升高校思想政治教育成效具有关键性作用。优良学风进社区，从学生中来，到学生中去，贴近学生的学习、生活，突出思想性、学术性、创新性，在全校营造一种积极乐观、健康向上的文化氛围，激发学生学习的积极性和主动性，引导学生养成良好的学习习惯、掌握正确的学习方法。优良学风进社区，统筹"教师、学生、校内外资源"育人合力，把握学生成长规律，促进大学生"自我教育、自我管理、自我服务"能力全面提升，增强成才意识和社会责任感。优良学风进社区，是新时代大学生思想政治教育工作创新的应然之举。

优良学风进社区的内涵

科学分析优良学风进社区的内涵及相关问题，主要在于理性阐释优良学风进社区"是什么"这一基本理论问题，这是优良学风进社区研究得以展开的逻辑起点，也是高校利用学风建设开展思想政治教育取得实效的理论前提。

一、学风的内涵

"博学之，审问之，慎思之，明辨之，笃行之"。没有优良学风作保障，学术之花不会常开，教学之树难以长青。学风是读书之风，更是做人之风。优良学风不但能促进学生高质量地完成学业，而且能促进学生养成终身受益的良好学习习惯。高校学风是一所大学的灵魂，是大学的宝贵财富，是不竭的精神力量和育人资源。学风建设是高校实施教育质量提升工程的主要内容和重要途径。优良学风对大学生的思想品德、价值观念、行为方式、意志情感的培养起着潜移默化的感染和规范作用。

学风主要是指学习风气，包括学习精神、学习态度、学习方法和学习行为等内容。从广义上看，学风是学校治学和学生读书、做人的风气。具体而言，学风是人们的理想、志向、追求在学习上的反映，是一种学习习惯。高校学风既包括学习氛围、学习环境等集体因素，也包括学习态度、治学精神等个体因素。二者相互作用、相互渗透，最终达成一种相对稳定的状态。一名学生的学风，实际上是其精神风貌和各种人格因素在校学习的集中体现和反映。优良学风进社区，统筹"教师、学生、校内外资源"育人合力，把握学生成长规律，促进大学生"自我教育、自我管理、自我服务"能力全面提升，增强成才意识和社会责任感。

二、优良学风进社区的内涵

优良学风进社区，汇聚校内外力量形成育人合力，使家庭教育、社会教育和学校教育有机结合，以导师导学、小组互学、个人自学为有效途径，实现学生社区育人的全员性、全过程性及全方位性。例如，专业导师讲专业、朋辈力量讲学习、自我技能提升，贯穿育人全过程，实现全方位覆盖。构建协作式学习型社区，营造轻松自由的学习氛围，强调理论联系实际、坚持实事求是和注重解放思想，崇尚自强进取、勤勉治学、学思结合、诚信笃实和学以致用的学习精神，倡导终身学习思想，帮助青年学生提高学习质量，实现全面发展。

遵循高校思想政治教育规律、大学生成长成才规律，有目的、有计划地开展教育教学相关实践活动，势必对大学生个体与群体的思想和行为产生积极影响，引导大学生养成积极进取的学习状态、奋发向上的精神风貌及和谐友爱的群体氛围。具体而言，构建具有优良学风的学生社区，尤其需要将着力点聚焦于以下三个方面。一是引导大学生自主设定学习目标,核心是坚定将"小我"融入"大我"的理想信念,由被动自律向主动自律转变,为实现学习目标而不懈奋斗。二是诚信教育,引导学生坚守诚信底线,培养学生求真务实、严肃慎重的治学态度,帮助学生恪守学术伦理、践行学术规范、克服科研浮躁等治学精神。三是培养学生创新精神和实践能力,坚定理想信念,勇于探索社会,不断开拓创新,用辩证思维分析和解决问题,同时也需通过参加课外活动、社会实践活动、创新创业类竞赛,强化动手能力,实现创新思维与实践辩证统一。

优良学风进社区的价值意蕴

高校优良学风建设的双重主体性——以教师和学生为主体，全体师生影响着学生社区的学风建设，反之，学生社区的学风又影响着校园里的"高校人"。学生社区学风建设的核心在于"育人"，它潜移默化着大学生的知、情、意、行。学生社区营造向善、向上的学风氛围，有利于熏陶学生、引导学生、培育学生、塑造学生，进而落实高校立德树人的根本任务。

一、教育导向功能

优良学风代表一股有形与无形有机融合的力量，潜移默化地影响着大学生的成长成才。乐学好学善学的学习氛围，对大学生的价值观念、行为目标、生活方式等方面的选择与确立具有不可忽视的导向作用。优良学风体现在崇尚科学精神，坚持对理想信念的不懈追求，主要包括勤奋努力、勇于创新、求真务实、严谨治学等要素，潜移默化地、持久稳定地熏陶大学生的思想和行为。

优良学风具有两个方面的教育功能：一是传播知识；二

是思想教育。此外，优良学风的教育功能在于隐性作用的发挥，调动学生的积极性，激发学生的创造性和潜能，引导学生实现理论与实践的有机结合，真学、深学、实干。乐学好学善学的学风，有利于陶冶大学生的情操，培养大学生明辨是非的能力，引导大学生纠正错误的思想观念并改正不良行为、主动接受先进思想和正确信息、主动选择合适的行为。

二、情感激励功能

学生社区学风建设的情感激励功能，又称"动力功能"，崇尚"真善美"、积极向上的学习氛围，潜移默化地激励大学生不断奋进。例如，学生社区先进集体和先进个人的展示栏、科学家的宣传栏等，自然而然地激励着每一位经过的大学生，天然地形成一种浓郁的良性竞争氛围。根据马斯洛需求层次理论，在组织中得到认同与尊重是较高层次的心理需求。学生社区通过朋辈互助、教学相长等方式来满足大学生较高层次的心理需求，从而激发他们的爱学、乐学和善学潜能。从根本上来说，激励功能的实现，是需要不断地得到满足的强化。优良学风激励功能的实现，需要积极构建较高层次的综合激励体系，以立德、求知、健体、审美及劳动为核心，促进大学生全方位发展。

三、规范约束功能

优良学风的规范约束功能，主要通过各种有形的规章制度来实现，例如高校学风建设实施方案、学生管理规定等章则，以及无形的价值共识与道德理念，例如科研诚信等学术伦理，对全校师生的行为表现起着约束和规范作用。学生社区是一个相对开放的多元系统，保障学风建设对大学生的管理和约束作用，客观上需要建立一套科学合理的制度体系，以制度促进学生社区文化的良性发展。此外，在制度落实和执行过程中能形成一种隐性的文化氛围，包括行为准则、道德规范、舆论氛围和风气风俗等"一只只无形的手"，对大学生发挥着隐性的育人功能。有形的规章制度和无形的道德观念，显性与隐性相结合影响着大学生，以期达到大学生自我管控、自我约束、自我教育的目标。

第三节

优良学风进社区的路径探析

2016年，习近平总书记在全国高校思想政治工作会议上强调，提高人才培养能力，是办好我国高校和办出世界一流大学的核心点，并特别要求高校"要坚持不懈培育优良校风和学风，使高校发展做到治理有方、管理到位、风清气正"。学生社区营造风清气正、勤奋向上的学习氛围，是提高人才培养能力的重要推动力量。坚持教育与自我教育相结合，汇聚校内外育人力量，发挥多元载体作用，在学生社区全员、全过程、全方位共同培育优良学风。四川外国语大学传承军大传统和红色基因，立足于外语院校国际复合型人才培养需求，积极探索在学生社区"引航启行、集体护航、个人起航"多维并举的学风建设途径，全方位地贯穿于学生成长的全过程。

一、引航启行：多方联动开展入学教育

新生入学教育是学生开启大学学习生活的"第一课"，事关高校全程教育培养的工作基础。大学新生在学习、生活、心理、人际、角色定位等方面可能出现各种适应性问题。高

校应把握好大学生入学阶段这一关键时间窗口，因事而化、因时而进、因势而新，占领思想高地，积极探索并运用各种形式开展有针对性的入学教育，引领新生能够正确认识大学、认识自我，明确学习、生活等目标。换言之，高校应充分利用新生入校教育这一重要抓手，促进学生社区营造良好的学习氛围。

四川外国语大学立足于校情，精细化入学教育，抓实思想引领与专业引领相结合，教育引导新生开好局、起好步，尽快适应新的学习氛围。学校提前开展入学教育实践，通过"川外学生之家"微信公众号在新生入学报到前推送覆盖"学吃住行"的相关信息，服务新生，开展入学适应、校史校情、规章制度等专题教育共6~8期，引导新生提前适应校园生活。

思想引领指引人生航向。学校牢牢抓住思想政治教育这一核心，切实以新生入学教育为依托开展思想政治引领。充分利用开学典礼，通过典礼现场师生同唱国歌、校歌，集体佩戴校徽，教师、校友、在校生和新生代表发言，校长发表迎新致辞，帮助新生充分感受学校的人文关怀，建立起对校史的认同感和对学校的归属感，明确学校的育人目标和教育理念，激发新生强烈的爱国主义情感和成才报国愿望，迅速形成和升华关于"川外人"身份的集体意识。开学典礼面向全校本科新生、研究生新生、留学新生、交换新生、专升本新生等各层次各级别新生，出席典礼的新生年均5500余人次。

20个学院的院长、书记深入学生社区开展"五史"教育微宣讲——讲清楚讲明白党史、新中国史、改革开放史、社会主义发展史及校史，结合组织学生前往红岩教育实践基地和校史馆实地参观等活动，厚植爱国情怀、涵育荣校情感。

此外，还安排辅导员不定期深入学生社区开展主题班会，以"爱国、团结、奋斗、科学、互助"为关键词，以学校、学院具有典型示范作用的学生的先进事迹和青春风采为主要内容，激发新生将"小我"成长融入"大我"奋斗之中思考，培养进取品格。

专业引领助力学业定向。大学生的主要任务是专业学习，引导新生认识专业，树立正确、积极、清晰和系统的专业思想，热爱专业学习，帮助学生正确面对并克服专业学习过程中的困难，引导学生爱学、乐学、善学。在学校统筹安排下，紧紧把握新生的期待与诉求，各学院立足学校新文科发展背景、学院专业特色，围绕"专业是什么、学习什么、如何学习"等关注度高的问题，以新生入校教育为载体开展专业学习引领，帮助新生了解专业，引导新生热爱专业，激发新生对所学专业逐渐产生浓厚兴趣，并对将来拟从事的职业产生强烈的向往和认同。

此外，从学校到学院，从线上到线下，从专任教师、辅导员到朋辈先进力量，多方联动开展《学生管理规定》中有关学业要求、纪律规范的教育，做到心中有政策、脑中有规则，遵规守纪，养成良好的学习习惯。

例如，2022年10月4日，翻译学院院长李金树为该院2022级新生讲授"开学第一课"，围绕该院学生的身份认同、读书习惯的养成、学习生活管理等方面与同学们进行了交流分享。在读书习惯的养成方面，李院长鼓励同学们应将人生与读书相结合，为实现人生转型打下坚实基础；在为什么读书这个问题上，李院长提出"为读书而读书"的哲学命题；在读什么的问题上，李院长提出读"无用"之书，在掌握技能的同时，培养文学的情怀与情操。在学习上，李院长围绕"天道酬勤"这一主题，号召大家严于律己、学会辩证思想；在生活上，李院长要求大家管理好自我情绪，以实现"期望我们健康、快乐而活得有意义"的人生哲理；在未来规划上，李院长强调自律、时间管理与坚持不懈，并用汪国真先生的诗歌《热爱生命》鼓励大家，让内心装下远方，同时也要提高自己的核心竞争力，以应对未来四年的考验，做到"自己行、别人觉得你行、觉得你行的人很行"。

二、集体护航：汇聚多方力量

学校以育人为中心，整合多种教育主体融入学生社区，共同促进学生社区优良学风的培育。坚持教育、自我教育、教育互动相结合，搭建起师生间的沟通平台，统筹辅导员、专任教师、心理教师、朋辈榜样等多方力量进社区，为学生作思想引导、答疑解惑、就业指导、学业辅导等。

（一）导师导学

构建由专任教师、思政骨干力量、朋辈榜样等组成的导师共同体，充分发挥学生与教师的双主体作用，实现学生主体与教师主体协同联动，共同实现学生社区优良学风建设贯穿大学生学习全过程。教师是大学生学习专业知识、提升专业能力、树立职业理想的人生导师。学校搭建师生交流平台，增进师生间心灵的沟通，构建和谐相处、平等交流的新型师生关系。学校根据学生学习、生活所需，全年不定期邀请专任教师、职业咨询师、辅导员、心理咨询师做客"川外学生之家"，举办"思索沙龙"，深入学生、走近学生，为学生做好学业引导、就业指导、心理咨询等服务。

例如，邀请德语学院院长李大雪，与学生们"漫谈中德跨文化交际"。李院长以人生的三种境界——看山是山，看水是水；看山不是山，看水不是水；看山还是山，看水还是水，引导学生们认识他国文化，应达到"超越"状态——从"有我"到"无我"。

立足于外语院校国际人才培养角度，学校采取多种形式激发学生学习专业的热情和激情。例如，邀请国际金融与贸易学院专任教师鲜京宸从评委老师和裁判的视角，介绍"三创赛"体系和对大学生学习、成长的促进作用。又如，自2015年起，新闻传播学院从年级6个本科专业中选拔32人参加卓越新闻传播计划。该计划实行本科导师制，由导师负责学生在校期间的全程学习指导。导师根据学生的专业兴趣和个人发展，每月组织学生参加读书分享活动不少于2次，每学期组织学生参加实践活动不少于2次，每年主讲学术讲座1次。此外，导师还对学生考研院校的选择、专业选择和学习方法等方面进行全面指导。

发挥朋辈导师的主体性，激发新时代学生社区的内生动力。朋辈导师作为学生主体中的正面典型，在学生社区内具有很强的示范带动作用。他们大部分是学生的身边人，以导师共同体身份深入学生社区，参与优良学风建设全过程，可起到"入芝兰之室久而自芳"的隐性教育效果。

学校打破常规"评优"模式，在全校范围（包括校友）内遴选全面发展的优秀大学生典范或具有某种特长或经历突出的学生，全方位构建朋辈导师团。基于朋辈之间相似的心理特点和思维方式，将其转化为开展"朋辈沙龙""实践遇见未来"等活动的优势，将朋辈关心的话题、朋辈群体易于接受的话语体系作为切入点，提高活动成效，促进价值观念、知识和技能的传递。"朋辈沙龙""实践遇见未来"等活动主题涵盖大学生学习、生活全过程，这些主题可分为学业规划类，例如"全干货大学规划等你来""起步大一：学业规划"；学习方法类，例如"小语种的学习方法""我与日语的'爱恨情仇'""解密俄语"；升学就业类，例如"我的北外保研之路：热爱+坚持+沉浸式投入"；实践比赛经验分享类，例如"课堂之外的学习实践——自我赋能与素质提升""学生干部与竞赛获奖经验分享会""商科竞赛和'双创'竞赛参赛经验分享""创业比赛项目的视觉包装"；志愿活动经验分享类，例如"国际志愿者：斯里兰卡支教之路""志愿活动，我们在路上"；技能提升类，例如"带你走进路演PPT奥义""高中英语教师资格证备考锦囊"，等等。

（二）小组互学

聚焦发挥班级聚力、学习小组合力，通过同学间勤学互助，营造良好学习氛围。以班服设计大赛为抓手，凝聚班级力量，培养良好班风，促进学生社区的学风建设。将优秀传统文化、红色革命文化、社会主义先进文化和多元外国文化充分融入各种活动，突出育人主题，创新文化育人路径，丰富思想政治教育形式，实现从高校班级文化建设的角度加强和改进大学生思想政治教育，弘扬优秀校园文化，团结奋进的班风、学风、校风，展现新时代川外学子风采。学校连续举办了7届班服设计大赛，通过班服设计和班级风采展示环节的设置，将家国情怀、术业专攻、外语特色融入班服设计与班级风采展示中，于无形中增强了班级的凝聚力和向心力，弘扬了团结奋进、向上向善的精神风貌。

学习共同体激发思维碰撞，互学互助引领助推学习成长。学校连续开展了5届大学生"学习共同体"项目申报活动，鼓励学生跨学院、跨学科、跨年级合作，强调具有不同背景文化的学生，利用各自的专长，相互合作，互相支持，共同完成协商确定的学习目标。由3~6人组成的学习共同体一起学习，一起分享各种学习实践资源，相互进行对话、交流和沟通，分享彼此的情感、体验和观念，共同完成一定的学习任务，通过共同活动形成相互影响、相互促进的人际关系，并对这个学习共同体具有很强的认同感和归属感。因此，小组互助互学方式可以将学习积极性辐射到学生社区内更多的学生群体，共同营造浓郁的学习氛围。

　　申报学习共同体项目，可以充分发挥学生的主观能动性，调动他们对学习、实践的积极性，申报项目的主题非常丰富，涉及学生专业学习、读书兴趣培养、竞赛提升等方面。例如，"学习工作两不误"项目注重专业学习及综合素质全面提升；"提高语言表达运用能力，冲击创新创业竞赛""学习科研齐头并进，'双创'竞赛再创辉煌"等项目侧重于自身创新能力的提升；"汉韵传西蕴""英语综合技能提升与中美文化交际比较分析""川外非语言专业学生专业认同调查，自身专业和英语素养提高"等项目注重自身专业技能学习。同时，项目运用科学评价体系，构建"形成性评估-结果评价"机制，激发学生的学习兴趣，关注真实任务的解决，引导学生总结性反思学习效果，并赋予其行动的意义。

三、起航远行：个人提升

　　优良学风进社区，应尊重学生的主体性，发挥学生的主观能动性，引导学生从被动学习、强制学习、消极学习等不良状态，向自主学习、自律学习、快乐学习等积极状态转变，进而增强学生学习的积极性和主动性。从教育心理学的角度，学生社区优良学风的培育，体现了大学生对学习的认知、情感、态度、实践的辩证统一。学校十分重视学生综合素质的提升，通过学业规划大赛、简历制作大赛、模拟求职大赛等活动，为广大学生提升专业技能，发展兴趣爱好提供多样化渠道。

（一）学业规划与职业规划相结合

学校充分尊重学生成长成才规律，结合各年级学生的特点，积极构建和完善大学生学业规划和职业规划，引导学生全面梳理自身学习情况，正确认识自我，正确认识学业与专业、专业与职业、学业与就业之间的关系，明确学业目标、职业目标，进而增强学生的学习动机，不断地完善自我，提升学生的核心竞争力和职业发展能力，实现个人的可持续发展。

学校连续6年举办"学业规划大赛"。在赛事筹备期间，通过组织赛事介绍会论规划、往届选手谈学习、提升训练磨技巧、全覆盖参与育学风等方式，推动学生围绕大学学业总体规划，从自我分析、目标制订、评估调整等方面进行探索，引导学生勇于把握发展机遇，敢于追求高远理想。学校连续三年举办简历制作大赛、大学生模拟求职大赛，以此为抓手帮助学生反思自身的学习和实践情况，促进学生在实际学习、生活中，将学业目标与职业目标相结合，促进学生对职业环境的了解，在实践中印证自己的职业规划，以此促进学生制订恰当的学习规划和学业目标，促进学生的全面发展。

选手们制订学业规划策划书时，借助测量工具（360度自我评估、霍兰德职业兴趣测试、SWOT分析等）对自身进行科学定位，对职业学业发展规划进行分析，详细介绍自身的优缺点和目标、职业、就业需求。例如，第六届学业规划大赛一等奖获奖选手、中国语言文化学院2021级学生张博尧，其目标是考取本专业研究生。他通过SWOT工具分析了自身的优劣势、现实挑战与机遇。其原计划是跨专业考取北京师范大学应用心理学专业硕士，通过对比分析中国语言文学类和应用心理学专业要求，他制订了详细的年计划、月计划和日计划。但在计划实施过程中，他的兴趣发生了转移，需要动态调整升学目标。于是，他重新制订了学习计划。

（二）专业学习与专业技能提升相结合

学校立足于外语院校国际化人才培养需求，为深化学生对"外语+"专业基本理论知识的理解和提升解决实际问题的能力，非常重视各类专业竞赛活动的举办，例如全国大学生英语竞赛、英语演讲比赛、小语种朗诵比赛、"互联网+"大学生创新创业大赛、英语综合技能大赛等赛事。尤其是每学期期中开展的实践周活动，秉承学校人才培养的目标与宗旨，围绕让学生忙起来、效果实起来的要求，各院系开展了多种多样的实践比赛活动，服务"强外语、厚人文，具有中国情怀、国际视野、交流才能，善合作、能创新的外语专业人才和高素质复合型、应用型国际化人才"的培养目标。专业类竞赛活动，既紧密结合课堂教学，又高于课堂教学，进一步促进学生社区实践教学更加立体化、全方位化发展。

自2015年起，学校连续8年举办了英语综合技能大赛，旨在全面提升学生的英语综合运用能力，激发广大学生学习外语的积极性，深化对外语专业的认同感。在2021年英语综合技能大赛上，主题演讲的内容围绕"The young power in China"展开，来自英语相关专业的12位选手轮番上阵，从不同角度诠释了中国的年轻力量。他们的即兴演讲题从"双减"政策、VR技术、网络直播、彩礼、防沉迷、婚姻等热点话题切入，展现了选手们扎实的英语基本功和相关知识。在翻译环节，英译汉以中国传统节日为主题，汉译英则聚焦于生物多样性。

08

第八章

健康心灵
进社区

2017年12月，教育部印发了《高校思想政治工作质量提升工程实施纲要》（以下简称《纲要》），将文化育人和心理育人列为"十大育人体系"。两者应当形成协同机制，共同为培养德智体美劳全面发展的社会主义建设者和接班人、培养担当民族复兴大任的时代新人、不断开创新时代高校思想政治工作新局面而服务。

《纲要》指出，文化育人要滋养师生心灵。社区文化育人与心理育人应相互促进、相互影响。营造健康向上的心理健康氛围有利于促进社区文化建设，反之，良好的社区文化氛围同样会促进学生的心理健康发展。四川外国语大学大学生心理健康教育中心自2005年建立以来，以"CARE"（cooperation action relationship energy）心理育人为理念，构建教育教学、实践活动、咨询服务、预防干预、平台保障"五位一体"的心理育人工作格局，完善"学校—学院—班级—宿舍"四级心理健康教育工作体系，以心理育人教师队伍和学生朋辈队伍为育人主体，延伸心理健康服务阵地，依托学生社区，从学生心理发展和实际需要出发，有目标、有计划地开展一系列心理健康活动，促进学生和谐人际关系的建立，帮助学生构建良好的社会支持系统。充分发挥"社区文化+心理"的协同育人作用，致力于培养学生的健全人格及自尊自信、理性平和、向善向上的积极心态。

第一节

健康心灵进社区的服务环境

　　良好的硬件设施是做好心理健康工作、营造心理健康氛围的重要基础。2020年9月，四川外国语大学将大学生心理健康教育中心从行政楼迁至毗邻学生社区办公，新办公场地有250余平方米，设立心理咨询室、团体辅导室、测评室、阅读区、等候区等功能分区，学生亲切地称为"小黄楼"。从此，川外大学生心理健康中心不再是一处"神秘"之所，而是学生温馨、幽静、安全的心灵家园，便利学生来此参加心理沙龙、团体辅导、心理咨询、心灵影院等各种心理服务和活动，减轻了学生寻求心理服务的心理负担，极大地提升了学生寻求心理服务的高效性和便捷性，为创造良好的社区文化氛围奠定了坚实基础。

健康心灵进社区的队伍建设

　　稳定专业的队伍是做好心理健康教育和服务工作的前提和基础。为此，学校建立了"学校—学院—班级—宿舍"四级心理健康教育体系。为培养技能过硬的专业心理服务队伍，学校自2015年启动了品牌系列活动——"BETTER US"成长计划，每年从校级心理健康教育工作者、班级心理委员、学生寝室、学生个体四个层面，通过督导、培训、团辅、活动等多种形式，不断完善学校心理健康教育工作体系，培养教师和学生的积极心理品质及专业助人技能。学校每年组织专兼职心理咨询师不定期地开展团体督导工作，提升心理咨询师自身心理危机干预和心理咨询技能；同时，学校每年还不定期组织全校学工队伍进行心理健康专题培养，丰富、拓展他们的心理健康知识，提升其心理服务能力。

　　此外，为了充分发挥学生的自我教育、自我管理、自我服务、自我发展功能，学校一直致力于培养一支具有较高心理自助与助人能力的心理委员干部队伍，发挥班级心理委员在学校心理育人工作中的桥梁与纽带作用，提升学生朋辈互助成效。学校每年面向全校学生心理委员进行6次专题培训，扎实开展心理委员的认证与评优工作，不定期开展心理委员朋辈沙龙，促进心理委员自身心理健康，同时提升其心理健康知识和服务技能。

在扎实推进心理健康工作队伍培养的基础上，各类育人主体才能更好地走进社区、深入学生，有效地开展各类心理健康服务。

第三节

健康心灵进社区的知识普及

积极的心理健康理念、必备的心理健康知识是保障大学生健康生活和学习、顺利成长成才的重要基础。学校常年开展内容丰富、形式多样的心理健康知识宣传。建立"以关系为核心、以发展为导向"的"大学生心理健康教育"课程体系，面向全体大一学生开设必修课。2022年，该课程获得学校思政建设、新文科特色项目建设、一流本科课程建设三项立项。2023年，更新了校本教材，录制了师生系列心理微课，进一步丰富了课程素材和内容，扩大了宣传范围。

建立川外大学生心理健康教育中心官方微信公众号"心事杂货铺"，每年发布百余篇推文，持续为大学生普及心理现象、心理问题辨别、心理自助方法、心理能力提升等相关内容，营造良好的心理健康教育氛围，提高大学生心理健康素养。

同时，通过"川外学生之家"思索沙龙、小黄楼"小知谈心"沙龙等平台，心理健康专职教师、心理咨询师、辅导员、心理委员、学生朋辈导师等心理育人主体纷纷走进社区，每年不定期开展与学生生活、学习息息相关的心理健康主题沙龙或讲座十余场，为学生答疑解惑，师生共同营造一种安全包容的氛围，一起探讨自我探索、人际关系、情绪管理、成长规划等心理健康相关话题。

健康心灵进社区的精准服务

自川外大学生心理健康教育中心迁至毗邻学生社区办公后，这个位于学生宿舍、教室和食堂必经之路上的"心灵家园"，大大缩短了学生与心理健康教育中心的物理距离；同时，由于近年来学校心理育人的工作成效良好，学生的求助意识增强、病耻感减弱，也缩短了学生与心理健康教育中心的心理距离。学生愿意进行个体心理咨询或团体心理辅导的人数逐年增加。新冠疫情期间，学生在寝室参加线上教学，焦虑感大为加重，该中心全天候为学生开设线上心理咨询，大大缓解了学生的焦虑情绪。

为帮助学生建立和谐舍友关系，促进学生融洽的人际关系，学校建立了良好的社会支持系统，帮助形成良好的社区氛围。此外，川外大学生心理健康教育中心每年还不定期组织不同主题的发展性团体心理辅导。

09

第九章

朋辈互助
进社区

2004年，中共中央、国务院出台《关于进一步加强和改进大学生思想政治教育的意见》（以下简称《意见》），可见国家对大学生思想政治教育的重视。《意见》指出，加强和改进大学生思想政治教育的基本原则之一是"坚持教育与自我教育相结合。既要充分发挥学校教师、党团组织的教育引导作用，又要充分调动大学生的积极性和主动性，引导他们自我教育、自我管理、自我服务"。由此可见，开展大学生思想政治教育工作不仅需要学校、教师的引导，更需要大学生发挥自身的主体作用，实现自我教育、自我管理、自我服务。为培养时代新人，坚决贯彻党中央、国务院提出的堆进全员、全过程、全方位育人（"三全育人"）的要求，四川外国语大学根据学校实际情况，探索朋辈互助进社区这一育人理念，将育人模式在学校无时不有，无处不在体现出来。

高校社区是大学生日常学习生活和交流互动的空间，是新时代高校思想政治工作创新实践、实现立德树人和"三全育人"的重要阵地，也是课堂教学的延伸，充分利用社区育人功能，有助于拓展育人渠道，提升学生自我教育、自我管理、自我服务的能力。四川外国语大学围绕"立德树人"的根本任务，促进学生成长成才，通过多种形式探索朋辈互助教育融入社区文化教育新途径，主要有朋辈沙龙、实践遇见未来分享会、"学习共同体"等形式。总之，学校不断探索社区文化育人新模式，着力构建社区文化育人体系。

第一节

朋辈互助进社区的概述

一、朋辈的含义

"朋辈"一词指同辈的友人或志同道合的友人，包括两层含义：一是年龄相仿的群体；二是理想、兴趣、所从事的工作关联度较高的群体。由此可见，"朋辈"是指正在经历着相似的过程或者追求一致的目标，且价值观、所处环境等均比较接近的一定群体。

二、朋辈互助的含义

"朋辈互助"从字面上可理解为"同辈"或"志同道合"的人之间的互相帮助。国内外专家学者对于朋辈互助的理解也比较多。本丛书倾向于熊秀兰关于朋辈互助育人的定义，即"朋辈互助育人是在朋辈互助基础上赋予教育寓意，其行为目标是，为了实现教育效果，具有相同背景或由于某种原因拥有共同语言的同辈人互相分享感受、观念或行为技能，通过同辈间的榜样示范、情感浸染、观念熏陶，引导受教育者（同辈）掌握学习方法、习得专业技能、转变思维方式、提高思想认识，从而获得课堂外的教育"。

综上所述，朋辈互助是指在大学阶段，一群年龄相仿、经历相似、目标一致的年轻人，彼此互相帮助前行，探索追求事物发展的规律。

三、朋辈互助进社区的意义

随着高等教育改革的不断深化，以第一课堂为主的传统育人模式呈现平稳发展态势，学校越来越重视第二、第三、第四课堂育人模式，学生社区也逐渐成为第二、第三、第四课堂育人模式的新阵地。

《新华字典》对"社区"一词的定义是指"在一定区域内由相互关联的人们所组成的社会生活共同体，是从事政治、经济、文化等各种活动的人们所组成的区域性的社会实体"。高校社区是指学生所居住、生活的宿舍及周边活动区域，一般是指大学生进行学习、思想、日常生活等交流的重要场所，是课堂教学的延伸。充分利用社区育人功能，有助于拓展"三全育人"渠道，提高学生自我教育、自我管理、自我服务的能力。

朋辈互助进社区是以校园某一区域为基础，以学生为主体，以自愿参与、平等互助为原则，建立一种互帮互助、共同成长的社区形态。四川外国语大学围绕"立德树人"这一根本任务，不断地探索社区文化育人新模式，构建社区文化育人新体系，将朋辈互助融入社区文化建设，服务学生成长成才，以朋辈力量助力培育时代新人。

四、朋辈互助进社区的特点

（一）互动性强

朋辈之间具有良好的互动特点，朋辈互助进社区是在一定区域内，在同辈之间沟通、交流、互动的情况下开展一些活动。朋辈之间相处具有双向互动、示范引领作用，朋辈在交流中个体的观点容易受到他人的影响或影响其他人，个体之间的互动容易产生相互影响。朋辈互动能够突破众多的局限性，互动的时间、内容、形式更加多样化，能够积极发挥学生的主体作用，促进相互进步。朋辈互动容易促进人际交往、沟通情感、激发兴趣爱好、碰撞思维观念，同时也有利于将思想政治教育与自我教育有机融合。

（二）参与度高

朋辈互助进社区打破了传统的教室受教模式，学生在接受教育时处于比较轻松自由的状态，也为广大学生营造了一种人人参与的氛围。学生在学习、生活、实践等方面的需求都能够得到满足，朋辈之间的沟通交流能够更容易产生思想共鸣与情感认同。

（三）主观能动性强

朋辈互助进社区是在朋辈之间开展的平等互助活动，朋辈之间参与的主观能动性强，施教者和受教者在此过程中都能发挥主观能动性。朋辈导师作为施教者，在用自身的先进事迹或经历激励其他同学更加努力进取的同时也提升了自己的能力，进一步超越了自我。而受教者在汲取朋辈优秀品质的同时也打破了束缚自身的困境，激发出主观能动性，有助于实现自我价值。习近平总书记在学校思想政治理论课教师座谈会上强调，思想政治教育课"要坚持主导性和主体性相统一"，即既要坚持教师的主导性，又要发挥学生的主体性作用。而朋辈互助进社区则为发挥学生的主体性作用营造了有利氛围，有利于学生主观能动性的发挥。

五、朋辈互助进社区的作用

在新时代背景下，高校思想政治教育工作应探索新方法、新思路，从身边开始，以优秀的朋辈力量影响同辈人。朋辈互助进社区有效地实现了学生社区从生活空间到育人空间的转变，从把握学生成长规律出发，积极发挥隐性引领传承作用，实现朋辈群体互助，达到共同进步的目标。

（一）把握学生成长规律

大学阶段是学生的世界观、人生观、价值观的主要形成时期，学校应深刻把握学生成长规律，有针对性地对学生进行教育引导，以便更好地促进学生成长成才。

大学阶段是一个连续性的教育引导过程，不同阶段具有不同要求。高考之后，面对全新的学习生活环境，大学生容易迷茫，因此需要把握学生成长规律，及时有效地加以引导。在一般情况下，大学阶段分为大一适应探索阶段、大二专业知识积累阶段、大三目标初定尝试阶段、大四冲刺发展阶段。

当下的大学生仅靠传统的长辈式教育已远远不能满足其需要，很多学生更倾向于朋辈的引导。因此，学校应深刻把握学生成长规律，充分发挥朋辈力量开展引导教育。

（二）隐性的引领传承

习近平总书记指出："要注重文化浸润、感染、熏陶，既要重视显性教育，也要重视潜移默化的隐性教育，实现入芝兰之室久而自芳的效果。"朋辈之间相似的环境、相似的兴趣爱好，优秀的同辈人将自身的经验、履历及价值观等进行正确的传递、隐性的引领等使广大学生于不知不觉中接受教育。

"青年模范人物是广大青少年学习的榜样，肩负着更多社会责任和公众期望，在青少年中乃至全社会都有着很强的示范带动作用。"当下"00后"大学生更倾向于接受形式新颖、内容丰富多彩的活动，学校应选拔一批优秀的、先进的、典型的学生担任朋辈导师，充分发挥他们在学业成绩、竞技比赛、社会实践、科研创新、就业创业等方面的朋辈传承作用，以便更多学生在参与活动过程中，潜移默化地接受同辈人的影响，明确自身的发展规划，促进其全面健康发展。

（三）群体互助，共同进步

"耳濡目染，不学以能。"这是指耳朵经常听到，眼睛经常看到，便不知不觉地受到影响，不学习也可以做得到。可见，外部环境影响对年轻人的塑造起着非常重要的作用。外部环境对一个人的行为塑造、目标追求、习惯养成等方面都具有重要影响，良好的社区环境能够赋予学生群体积极向上的动能。

学生社区活动的主体是学生，学校应帮助学生营造一种良好的朋辈互助环境，从同龄人角度着手，在学生之间形成互助学习新风气。学校可以建立校级、院级朋辈导师队伍，不定期举行分享会，邀请优秀朋辈榜样围绕实习实践、支教助农、创新创业、志愿服务、参军入伍等现场分享成长经历和实践感悟，每年组织"学习共同体"项目申报，引导学生组团学习，促进学生在互助合作中共同成长进步。

朋辈互助进社区的背景

习近平总书记在党的二十大报告中要求"坚持为党育人、为国育才，全面提高人才自主培养质量，着力造就拔尖创新人才"。近年来，随着高等教育改革的不断深化，立德树人根本任务的不断落实，高校切实遵循思想政治教育规律、教书育人规律和学生成长规律，坚持"以生为本"，努力培养堪当民族复兴重任的时代新人。随着高校基础设施日趋完善，各校都为学生提供了可以作为日常学习交流、购物生活、文娱活动、健身锻炼等的场所，这些场所可以称为学生社区。学生社区可为学生提供便利的学习生活条件，创造一种人性化、多样化的社区环境，充分发挥学生自我教育的主体功能。

一、加强组织管理，深化发展促协同

四川外国语大学是国家最早设立的四所外语专业高等院校之一，现已成为以外国语言文学学科为主，文学、教育学、经济学、管理学、法学、艺术学等学科协调发展的多科型外国语大学。学校坚持以习近平新时代中国特色社会主义思想为指引，不断强化学生思想理论武装，将"三全育人"理念有机地嵌入外语院校国际化人才培养体系，践行"以生为本"的办学理念，不断探索和创新育人机制。

学校以学生宿舍园区为区域，以"川外学生之家"为主体，利用"川外学生之家"进行朋辈互助活动。"川外学生之家"各部门相互协作，紧密团结，努力建设服务型团队，发挥自我成长、党员示范、师生服务等多项功能。例如，"川外学生之家"平台线上线下收集学生诉求，畅通学生诉求渠道，让学生困难有反映处、问题有解决处。在"川外学生之家"设立功能型特设党支部，目的在于将党建阵地拓展到学生社区空间，让党建工作深入学生社区，让党旗矗立在学生日常生活中，构建教育、管理、监督党员和组织、宣传、凝聚、服务学生的全域化格局。此外，"川外学生之家"还开设了环境优美、设施完备的自习室，供学生上自习、开会或开展其他活动。

二、构建育人平台，多措并举见实效

朋辈互助是在学生之间构建的一种育人模式，不同学生在不同的成长阶段，需求也各不相同，学业、比赛、求职、考级等需求可结合三大朋辈活动开展。四川外国语大学三大朋辈活动包括"实践遇见未来"分享会、"学习共同体"项目、朋辈沙龙，三大朋辈活动具有各自不同的优势和独特性，可为学生的成长成才提供良好的服务。

四川外国语大学为进一步促进学生汲取朋辈经验，从同龄人角度入手在学生之间形成互助学习新风气，构建全方位、多样化的朋辈互助平台，充分发挥朋辈育人力量，积极探索打造品牌化活动。

（一）"实践遇见未来"分享会

"实践遇见未来"分享会是做好朋辈教育、实践教育，增强大学生思想政治教育时效性和针对性的有效手段，充分发挥朋辈力量，引导在校生明晰未来目标，合理规划大学生活。学校建立了校级、院级朋辈导师团队，每年举行"实践遇见未来"分享会十余场，邀请优秀朋辈榜样，围绕实习实践、支教助农、创新创业、志愿服务、参军入伍等现场分享成长经历和实践感悟，活动覆盖近4000名新生。例如"人在于自己的感受"印度支教，"我的实践分享"基层实习，"加法与减法"旅游卫视实习，"仲夏的希望"台湾支教，"梦想进行时"远赴非洲孔子学院，"实习新华通讯社总社，在牛津出版社出版论文"，"浇灌梦开出花朵，支教彝族乡难忘体验"，"与双创共舞，以蜕变为梦"，"投身海军营，追梦赤子心"，"17天游历16个城市，探寻神秘埃及的魅力"，"迷彩岁月，无蜕变，不青春"，"从社会经验几乎为零的小白走向联合国的舞台"，等等。

（二）"学习共同体"项目

"学习共同体"项目是以习近平新时代中国特色社会主义思想铸魂育人，教育引导学生坚定"四个自信"，激发学生自主学习、互助学习的积极性和主动性，推动学生学业发展，弘扬优良学风，培养敢闯会创的青年一代，培养有家国情怀、有团队精神的时代新人。学生在自愿组队的基础上，以灵活多样的方式组成学习小组，制订可量化、具有创新性和挑战性的目标。学校为学生搭建平台，创造环境，激发学生动力，促进学生在互助合作中共同成长进步。

学校每年组织"学习共同体"项目申报，年均立项200余项，开展合作学习、互助学习、项目学习等项目。"学习共同体"项目需要制订共同的团队目标和成员个性化目标，必选项主要是成绩类量化目标，自选项主要是科研论文类、考证考级类、专业竞赛类、实践运用类、综合提升类，以及围绕学校高水平新文科建设暨国际化特色高校建设、"双一流"建设、国际组织人才能力提升、"一带一路"合作伙伴研究、成渝地区双城经济圈建设等科学研究和社会调查类。科研论文类，例如"多模态视域下典籍文化传播中的语用身份研究——以'中国诗词大会选手开场白'为例""基于人工智能方法的川外精品网络课程评论数据爬取与文本分析""从近五年来越南官方媒体报道看重庆区域形象在越南的传播"；考证考级类，例如"英语精英，考证达人——阅览群书，腹笥累渊博；全轮驱动，成辩才无碍""'语言+专业'在新文科背景下的实践路径""知识理论内化于心，技能证书外化于行"；专业竞赛类，例如"提升语言表达运用能力，冲击创新创业竞赛""学习科研齐头并进，双创竞赛再创辉煌""2020年全国大学生国际经贸与商务专题竞赛进入中国区决赛并获奖"；实践运用类，例如"印·重庆""中德不同视域下媒体报道之比较——新文科建设背景下德语专业学生就德国涉华新闻报道的翻译实践及外延""新媒体运营框架下的法语学习互助"；综合提升类，例如"立足英语专业技能提升，打造'新文科'科研创新型共同体""'译'起行巴渝——打造科研创新型共同体""'研商明外'——以'人类命运共同体'为视野的'碳中和'商务英语学习计划"；科学研究和社会调查类，例如"关于大学生消费对国内GDP贡献的社会调研""'标'出重庆——以'五座城'路标状况为例探究重庆文化推广""抗战时期澳大利亚驻渝公使馆调查与研究"；等等。

（三）朋辈沙龙

朋辈沙龙是为了切实做好学生学业指导和朋辈帮扶，抓实"川外学生之家"一站式社区平台建设，提升社区服务能力，激发学生成长动力，并且强化思想引领、营造良好学风、助力学生发展的一种活动。这种活动是在轻松愉悦的气氛中进行学习经验、就业指导、成长经历、专业特点的分享，将经验分享、感悟交流和兴趣课程相结合，传承朋辈互助，促进共同成长。朋辈沙龙邀请杰出校友、优秀学子等高水平人才，每周在"川外学生之家"举办1～2场与学生面对面的交流沟通活动。例如，"平衡学习与生活""我的上外保研之路""公务员考试介绍""解读大创国家级立项的正确'姿势'""模联参会经验分享""志愿活动，我们在路上""商科竞赛和'双创'竞赛参赛经验分享"等。

三、聚焦学生需求，服务个性化发展

每年九月新生入学季，朋辈导师都要为新生开展专业解读、学习方法介绍、竞赛通关等活动。每年毕业季则将就业教育、毕业离校教育与思想政治教育相结合，举办就业经验分享会、职场适应分享会，引导毕业生到基层、到西部、到祖国最需要的地方去建功立业。

朋辈互助进社区育人模式始终贯穿于学校人才培养的重要环节，切实将学生发展作为第一要素，以促进学生成长成才为目标，落实"立德树人"的根本任务，达到"三全育人"的最终目的。

朋辈互助进社区的实施理念

朋辈互助进社区是一种基于学生群体的组织，经学校积极主动的引导，提供一定程度的物质保障，为发挥朋辈育人作用提供可持续发展的平台。四川外国语大学主要是发挥在校学生和校友的力量，结合当下学生的主要特点，坚持理论与实践的有机融合，形成创新的朋辈互助育人实施理念。

一、坚持高质量、规范化的思想引领

朋辈导师虽然由学生担任，但在选拔上经过了学院和学校的双重把关，即接受学院的选拔，接受学校的监督管理与教育培训。朋辈导师必须具备政治觉悟高，政治立场坚定，具有正确的世界观、人生观、价值观，乐于奉献，富有团结合作精神等品格。

朋辈导师作为朋辈互助育人的基础，需要规范化管理，才能保证朋辈互助育人工作的可持续发展。开展规范化工作需要了解和掌握大学生的思想动态、困惑点、急需解决的难题等；制订朋辈互助育人工作计划，包括年度育人的侧重点、方式方法、考核评价的形式等。

只有高质量的朋辈导师选拔和规范化的朋辈导师管理，才能有效地、长期地、系统地开展思想引领工作。朋辈互助教育更是发掘人的潜能，将优秀的学生、校友培育成为朋辈育人的引领者。

二、坚持"以生为本"的核心

坚持"以生为本"就是在育人的全过程中，遵循教育规律，尊重学生主体地位，真正做到"一切为了学生，为了学生的一切"。党的二十大报告指出，办好人民满意的教育……全面贯彻党的教育方针，落实立德树人根本任务，培养德智体美劳全面发展的社会主义建设者和接班人，这为抓好新时代教育工作提供了根本遵循。"立德树人"要求以德为先，把社会主义核心价值观融入育人环节中，帮助学生树立正确的世界观、人生观和价值观；"以生为本"要求以学生发展为根本前提，确立学生的主体地位，关注学生的全面发展和可持续发展。

三、坚持自我教育、自我管理、自我服务，促进学生自我发展

《关于进一步加强和改进大学生思想政治教育的意见》指出，加强和改进大学生思想政治教育的基本原则之一是："坚持教育与自我教育相结合。既要充分发挥学校教师、党团组织的教育引导作用，又要充分调动大学生的积极性和主动性，引导他们自我教育、自我管理、自我服务。"因此，在坚持"以生为本"的前提下，坚持学生的自我教育、自我管理、自我服务是发展的必然选择。

学生的自我教育、自我管理、自我服务是在学校的指导下，通过朋辈之间的互助，将自己作为受教者与施教者并将二者有机结合起来，充分发挥主体能动性，汲取知识和提升自我。

朋辈互助进社区优秀案例及发展方向

朋辈互助进社区不仅意味着育人空间的转变，而且意味着高校对学生培养教育、管理服务的转变。目前，"00后"大学生还是一个特殊群体，他们正处于"三观"形成期，有强烈的互动性、表达欲和群体性。因此，朋辈互助进社区恰好发挥了适合这个群体个性发展的功能。学校主要以"实践遇见未来"分享会、"学习共同体"项目、朋辈沙龙三大朋辈活动为载体，突破传统育人方式，开展学生社区朋辈互助育人活动。

一、精英群体朋辈互助，凸显育人"效度"

朋辈互助进社区有效地扩大了精英群体的示范效应，在不同领域取得优异成绩的学生，经过专业化的引导培养可以变得更加优秀，通过朋辈互助平台带动其他学生向优秀看齐，从而形成良好的校园文化氛围。

去探索，去热爱

西方语言文化学院　刘琦

大家好，我是刘琦，来自西方语言文化学院西班牙语专业。三年前，我和你们一样坐在台下，倾听学长学姐们讲述自己的故事；三年后，我有幸从台下走到台上，以分享者的身份，向大家讲述我的大学生活。我也相信，三年之后，在座的各位当中也有人能站上这个讲台，将"实践遇见未来"的精神传承下去。

说实话，我并不是一个非常优秀的人，国奖、专四优秀、保研……我都与之失之交臂。思来想去，或许最值得一说的是，是我几年来的校内学生干部经历。

首先进行一个简单的履历介绍。站在大四的人生岔路口，我选择了就业这条路，现已签署了三方协议。在大学期间，我获得过校级及以上荣誉称号和奖项共计50余次。我自认为最值得一提的是我在大二获得的"重庆市普通高校优秀学生干部"，因为它是对我这几年来所做工作的最好肯定。

不知道在场的学弟学妹中有没有毕业于重庆市育才中学的？育才是我的母校，我的学生干部之路就从这里开始。高一时，作为从区县考进市教委直属中学的懵懂学子，机缘巧合下被同桌拉去参加了青年志愿者协会的面试，又因运气爆棚，通过了层层选拔，幸运地当选为育才中学第十一届团委副书记。之后，我组织策划了无数活动，参与组织举办了一场耗资40万元的万人演唱会，为我这段学生干部生涯交上了一份满意的答卷。如果当时的我安于现状，没有抓住这个机会，也就不会在上大学后继续选择这条路，更不会在此时此刻站在大家面前。人生是由无数个选择构成的，每一个选择都同样值得珍重，因为每一个选择都会把你带向截然不同的道路，所以面对机会不要犹豫，或许你的人生轨迹就会因此出现重大改变。

刚来川外时，我与各位一样，对大学生活充满憧憬。大一的时候，考虑到我在高中就已多次参与过大型活动的策划，我试图把重心放在培养办公能力上。我参加了两个组织的面试，成为年级长，进入了年级长联席会，但在辅导员的提醒下，我意识到个人精力是有限的，于是我放弃了进入校学生会的机会，以三份学生工作正式开始了我在川外的学生干部之旅。

接下来，我将讲述三年学生干部经历中对我影响最深的几件事，并与大家分享我从中收获的感悟。

学生干部的工作让我变得更加脚踏实地。这件事始于一张小小的表格。大一伊始，凭借在高中积累的经验，我对工作得心应手，不自觉地开始飘飘然，觉得行政工作也不过如此。紧接着发生的事，给了我当头一棒。每个自然年的末尾，学院都会按例收集学生当年获奖情况。作为年级长，这差事便落到了我的头上。按照以前的习惯，我将纸质表格生成在线表格后，便发到年级群，让同学们自行填写。然而作为大一新生，大家都不了解各种比赛的级别和举办单位，导致表格上的这两项出现了极大误差。当我把表格交给辅导员的时候，她第一次也是唯一一次对我进行了严厉的批评，认为我处理事情缺乏周全考虑，所以我不得不重新收集一次信息，在表格中添加了"主办单位"项，然后在网络上查询每一个单位的等级，来来回回花费一周时间，导致如此简单的表格拖到了DDL才上交。从中我悟出了一个道理：再简单的小事、再基础的工作，也有可能因为个人的疏忽造成失误，从而影响自己和团队的效率。每一份工作都应当作重要工作来做，脚踏实地才能万无一失。

与此同时，在这个过程中，我了解到很多与大学生竞赛相关的知识。而这也是我想跟大家分享的第二件事，一件让我明白做事应该尽善尽美的事。在我对这些竞赛进行详细了解的过程中，我接触到了一个概念——"水赛"，即仅靠所谓"答题"的形式，便有机会获得全国一等奖的那类比赛。同时我还惊奇地发现，我们学院在进行奖学金测评的时候，居然对这类比赛进行只降一级加分的处理。作为一名具有朴素正义感的学生干部，我开始撰写一份详细的测评细则草案，希望能对通过此类比赛加分的行为进行限制，经学院商讨，最终产生了现在我院所实施的测评细则。很多时候你可以降低对自己的要求完成一件事，那你只是做到"60分"；但如果你期望并提出了更好的解决方法，你便做到了"80分"；如果你举一反三，刨根问底，无论耗时多久，就像从开始构思到推出这份测评细则的时间跨度超过了一年一样，只要深挖到最底处，你就有可能交出一份满分的答卷。

学生干部的工作经历也让我深刻体会到了团队协作的重要性。刚才说到，我在大一加入了年级长联席会，在这里，我遇到了很多优秀的、来自各专业的同学。进入大学的第三个月，我通过参加宣讲会，得知川外有一个叫作"学习共同体"的项目，旨在培养学生的自主学习意识和团队合作学习能力。于是，我开始寻找小伙伴，递交申请书，现在看着那份申请书，我都觉得自己当时是多么狂妄，居然想在短短一年之内成为一名"西语+法学"兼修的人才。毫不意外，这个项目中途夭折了。大二上学期，新一轮的"学习共同体"项目申报开始了，这次我选择了与联席会另外三位年级长组成一个团队。吸取了上次的教训，我们从学习、干部、实践等方面，为接下来的一年制订了有挑战性但符合实际的目标。在这一年里，我们通过"学习通"进行每日打卡，一起参加各类比赛和项目。最终，我们以40页结项材料，95%的目标完成率顺利结项，我的简历也在这一年有了质的飞跃。"近朱者赤，近墨者黑"，环境对人的影响是潜移默化的，选择合适的伙伴，与他们结交、与他们合作，在你们为彼此所营造的积极氛围中，你们会一起飞快地成长。

我的大学生涯不久就要结束了，回顾这几年与作为学生干部有关的一切，除了忙碌和充实感，我更多地感慨于自己的成长和收获，对于自己作出选择的感激和无悔。看到你们，我仿佛看到大一时进入校园的自己——惬意，喜悦，充满期待和对未知的好奇心。这是一处自由之地，希望你们和我一样，去探索、去尝试、去发现自己热爱和擅长的事，然后持之以恒，坚持到底，不怕犯错、不断改进、不断成长。回头看时，也与我一般，让回忆能成为珍藏，让路途因自我而明朗。

二、党团班级干部朋辈互助，打造育人"高度"

朋辈互助进社区应充分发挥党团班级干部的榜样引领作用。高校学生是中国特色社会主义事业的建设者和接班人，党团班级干部是学生骨干力量，具有坚定的政治立场、优异的学习成绩、突出的管理能力等个人素养，同时也是自我管理、自我教育、自我服务的组织者、管理者和实施者。凝聚优秀的党团班级干部，营造党团班级干部与广大学生互促互进、共同发展的良好育人环境。

案例分析

创业维艰　君子不器

中国语言文化学院2019级

中共党员

电子商务运营师（高级）

重庆利涉大川商业管理有限公司联合创始人

WOOHUH STUDIO联合创始人兼任品牌主理人

南京艾斯客科技有限公司创业顾问

2021、2022年重庆市创新能力提升先进个人

第六届校级朋辈导师

大家好！今天我分享的主题是"创业维艰，君子不器"。

我是来自中国语言文化学院汉语言文学专业2019级的钟英杰。现在是川外创新创业类获奖最多的个人，也是重庆利涉大川商业管理有限公司等企业的联合创始人。

刚进入大学时，我和大家一样迷茫。作为一个中文专业的学生，好像未来大概率只能随大流，去考研、工作，但我的一切转折都要从大一开始接触的各种创新创业类比赛说起。

在如此多次的比赛中，对我影响最大的是2021年第十一届三创赛。2020年大一下学期我已经获得了四个"双创"省级奖项。但2021年，我还想再进一步，所以放弃了原有项目，重新组建了团队，一切从头开始，这次我想将项目主题与我的专

业——"中文"更加贴近，最终，我把项目主题确定为中国传统香道文化，随着对香道文化的深入认识和了解，香道文化的传承困境成为我们发自肺腑想解决的问题。

2020年底开始，我们团队全身心地投入项目的孵化与打磨，历经数十个版本的项目计划书、PPT、商业VCR的打磨，这个新生项目从系赛开始一路挺进省赛决赛，身着传统民族服装的团队被包围在重庆各高校王牌团队的西装革履中十分显眼，但我相信，民族的才是世界的，于是勇敢地带领团队站上了那个接受考验的舞台。谁知原本目标是省赛三等奖的我们却意外地获得了小组第一的成绩，收到了省赛决赛的邀请函，于是我们端着小香炉走上了决赛的舞台，再一次意外地收获了省赛特等奖与最佳创意奖，最重要的是获得了国赛的入场券。

国赛时，舟车劳顿的我们在国赛开始前一天的高铁上还在热火朝天地打磨项目，紧急地修复被黑客攻击崩溃的项目网站。比赛前夜，参赛的五名成员几乎彻夜未眠，一直模拟路演到凌晨五点，稍作休息后又赶紧起床收拾东西前往国赛举办地云南工商学院，团队一直紧绷着、紧绷着，直到开幕式上我还在默背最终定稿的路演稿。只记得在昆明的夏日，我们以国赛一等奖的成绩不仅打破了我校自2017年以来的获奖纪录，也是整个重庆赛区当届的最高获奖，获奖率约为万分之三。

之后，在学校国际处的支持下，我们与学校留学生一同继续发展这个项目，参与成渝两地留学生创新创业大赛。我们不仅以成渝两地唯一文科院校团队参赛，更是荣获了成渝决赛高校组第四名，为学校赢得了最佳组织奖。

今年，我们又将继续在期末紧张的时间中争分夺秒，坚持带着新项目从零开始冲击第三届留学生创新创业大赛，最终获得了成渝地区决赛的入场券，这也是我本科期间作为学生成员参与的最后一次大型"双创"比赛。但我想说的是，川外"双创"人，永远在路上。

我的故事并未就此结束，真正让我从比赛转向创业的关键原因，是一句大家都背诵过的诗句："遍插茱萸少一人。"

没错，这就是诗中的茱萸，全名吴茱萸，它不仅是中药材，更是重庆云阳乡村许多农民们的生计所托。2021年5月，我回到了久违的乡村，去到了重庆市云阳龙角镇新立村。当我们走出象牙塔，真切地走进广阔的田野，才发现乡村振兴原来离我们这么近。

我们发现，当地种植的中药材吴茱萸受病虫害影响十分严重。乡亲们在利益严重受损的同时由于缺乏相关技术，信息闭塞，人才匮乏，他们既不知道病虫害的成因，也不知道该如何防治。看着当地村支书梁远林无助的眼神，我和同学们都十分焦心，觉得应该做点什么。

于是我们开始行动，发动人脉，整合资源，最终联系到了北京林业大学、东北林业大学的有志青年一起云端会诊，初步确定是锈病后，我们又将受虫害严重的叶片送到上海的实验室检查，帮他们解决了病虫害问题；然后又积极对接企业，帮助乡亲们销售当地的中药材；还联合北京林业大学研究出了适合当地的生态循环种植模式。

我的"佳孢萸"项目由此诞生，步步都在艰难跋涉中。去年年底，我们团队一起创立了重庆利涉大川商业管理有限公司，未来还将继续改善当地的产业结构，真正改善农民生活，促进乡村振兴。

川外给了我走出去的机会，去比赛、去获奖、去实践、去创业，最终我们也回到校园、反哺校园，在我成为北京人才资源开发协会鼎新青年双创联盟特聘青年创业导师以及我们川外的校级朋辈导师后，大大小小累计开展了十余场朋辈沙龙讲座，讲述我自己的故事、自己的经验。又以企业导师身份在校内外指导了几十个公益项目，川外"双创"人的足迹，走向了重庆、四川、新疆的多个高校。

同时，我将自己的创新创业经验投入到我校创新创业课程的建设中，在师生共同建设中，我校的创新创业导论课程光荣地获批国家就业创业金课、省级首批课程思政示范建设项目。

创业维艰，君子不器。希望大家在大学生涯中，不要局限于学习，更要在新时代中实践，在追梦路上成长，将广义的创业精神播撒在青春的追梦路上。坦白地说，至今我还觉得自己尚处于青春的半山腰，但请相信，实践遇见未来，我们大家都将在顶峰欣喜地相见。谢谢大家！

三、校友群体朋辈互助，拓展育人"宽度"

朋辈互助进社区应充分汇聚杰出校友的力量，深挖不同行业的校友资源，对在校学生进行反哺教育。"校友资源是影响高校可持续发展的重要因素之一。"杰出校友在社会中的成长历程、经验教训、优秀事迹和取得的成就等像一面镜子，可以对在校学生起到思想教育引导、榜样示范引领、职业生涯规划教育、就业指导等作用，可以激发学生努力学习的内在动力。校友的成长历程与优秀事迹对于在校生来说是最直观的参照物，有利于他们树立正确的学习就业观。

勇敢坚定获得乐趣

新闻传播学院2010级校友　刘政

先给大家做一个简单的自我介绍，我叫刘政，于2010年进入川外，是网络传播方向的一名新闻学学生。因为我从小学习钢琴，大学入学后我就进入了我们学院的文艺部、校学生会的文艺部，然后我又进入了大学生艺术团，我记得当时是作为合唱团的钢琴伴奏，自2012年开始担任我们新闻传播学院的学生会主席。2014年我从川外毕业，考入了南京大学新闻传播学院，成为新闻传播专业的一名研究生。

在快毕业的时候，也就是2015年，我在上海找到了一份在奥美（集团）有限公司的实习工作，奥美是很多学广告的同学的一个梦想之地，它就像黄埔军校一样，是一个非常厉害的广告公司。我所在的公关部门，负责处理不同品牌、不同客户在传播以及公共关系方面的一些事务。

2016年，我从南京大学毕业，第一份正式工作是在罗德公关，罗德公关也算公关行业里的一所黄埔军校。我在罗德公关工作了4年多之后，进入了现在的公司——立峰集团。立峰集团是世界前三的奢侈品集团，目前我负责立峰集团旗下一个品牌的公共关系和传播部门。

这就是我的一个简单履历，同时给大家介绍一下，我现在做的工作其实是品牌公关，相信很多人都不了解公关是一个什么样的职业。

我们很多学新闻传播的学生，毕业之后，除了在金融行业、广告行业就业之外，其实也有一些会选择在公共关系行业就业，主要负责品牌的长期传播。它与广告不太一样，广告可能通过一个又一个的案例，帮助品牌及时地打响知名度，例如，请代言人拍广告可以迅速获得品牌的曝光，但公关是一个非常长远的铺垫和宣传，它需要在细微处润物细无声。例如，与关键媒体保持良好的关系，需要媒体在活动中为我们的品牌做宣传，同时也为媒体创造一些需要的效果。又如，有些品牌遭遇了某种公关危机，我们就要站出来，就像大家看到的那样，很多集团就会及时地发布公关稿去辟谣或者说承认错误。

借助今天这个交流平台，我可以向大家介绍一些我的感悟。首先，我们要勇敢地尝试，在你选择了一条道路之后，我们要坚定地走下去，要用我们自己的办法、自己的方法去挑战它。最重要的是，当你选择了某一条道路之后，你是要在其中寻找某种乐趣的，这样你才会更长久地坚持它、喜欢它。关于"勇敢"这个话题，很多同学一开始是缺失的，或者说他们不敢迈出第一步。

在这里，我与大家分享几个小例子。我开始学新闻传播的时候，就是想进报社或者电视台做记者或者编导，相信很多同学都有这样的想法。上大学期间的几次实习，我都选择了到新华社实习，后来我还接到了江苏卫视和浙江卫视的邀请，但在不同的实习岗位上尝试之后，我发现自己好像没有那么喜欢这样一份工作。后来在室友的介绍下，我进入了奥美公关。其实，奥美公关的工作在我的心目中是没有概念的，因为我不知道这份工作是干什么的，也不知道公关是什么样子的。进去之后，我才发现这份工作好像是我可以坚持并且也是我擅长的，因为我从小比较喜欢文字，也比较擅长与人打交道。公关这份工作其实是非常讲究的，首先，你要帮品牌做传播，所以你的文字功底一定要非常厉害；其次，需要英文熟练；最后，需要与不同的部门、不同的媒体、不同的第三方进行沟通。我自认为文字和沟通是我比较擅长的，所以我觉得这份工作是可以坚持做下去的。至于为什么进入了奢侈品行业，其实就是机缘巧合，因为我的第一份工作，第一个客户就与奢侈品有关，然后我就在这一行业中继续深耕下去了。

我想跟大家分享的是，第一是尝试。你要勇敢地尝试每一步，包括在学校。例如，大一的很多同学可能正在选择适合自己的学生社团，或者正在思考你将来想在什么样的道路上发展，例如考研、出国或者直接就业，我觉得都是很好的方向，只不过当你面临这些选择的时候，肯定是要试错的。我们不要缺乏试错的勇气，我觉得有一些错误和挫折是前进道路上必须要经历的。

第二是坚持。印象中比较深的是，当还是在校生的时候，我就参加了很多的社团，包括校学生会、院学生会、大学生艺术团，在大二、大三的时候，我面临着留在哪个社团的选择。我们新闻传播学院不管是老师、同学，还是整个学生会的氛围，都让我感觉非常的开心和舒服，所以最终我留在了院学生会。

第三是发现乐趣。我认为这是非常重要的。当你在做一份工作，或者在做一份学生工作，或者在学习过程中，坚持都是一件非常痛苦的事情。怎样坚持？就是在你觉得痛苦的事情中寻找乐趣。例如，我的上一份工作加班是非常多的，基本上都是很晚才下班，因为我负责的是珠宝和腕表品类的品牌，历史非常悠久，需要拥有丰富的专业知识。每天都要面对晦涩难懂的专业知识进行文字的二次输出，简单来说，是要做一个翻译。所以，当你每天都在阅读这些信息或者每天都在做这些枯燥工作的时候，你会觉得很没意思。但是一段时间之后，我发现自己喜欢上了腕表这个品类。腕表具有非常精密的结构，大家可能不是很了解，其实它就一个样。在未进入这个行业的时候，我也不是很了解。随着时间的推移，我才慢慢发现其中居然有这么多的玄机、这么多的奥秘，还有这么多有意思的东西，所以我觉得这样一个行业，它同样需要专业知识的积累。如果我在这个行业继续待下去，挖掘它背后的故事，完全有可能成为一个专业人士。事实证明，就是凭借之前在钟表、珠宝行业方面的专业知识，我才获得了现在这份工作的机会。当你觉得做一件事情非常枯燥乏味的时候，包括学习或者做学问，或者考研、考雅思托福的时候，大都有这样一个过程，我们要在其中寻找自我感觉有趣的地方，这就是你坚持下去的动力。

第四是经历。根据我自己的亲身经历，这里有几点小建议送给大家。首先要学好自己专业技能，就像我刚刚说的，当你选择做一个记者、一个编导，或者一个文字工作者的时候，你的专业技能一定要非常过硬。当你走出校门、踏入社会之后，你会发现学历只是一块敲门砖，专业技能过硬才是你闪闪发光的根本原因。不管是学语言的同学，还是学其他学科的同学，我觉得每个人都要发现自己的长处、擅长的专业技能，这才是你能够与公司或者老板进行商谈的筹码。不管是专业技能还是自己身上具备的优点，都要把它作为自己为未来铺垫的重要基石。

最后，我想跟大家说的是，既然都来到了大学，就要抱着一种开放的心态去做年轻人应该做的事情。

四、发展方向

朋辈互助进社区是传统育人模式的创新形式，是育人模式发展的新趋势。落实"立德树人"根本任务，实现"三全育人"目标，走体系化打造、示范化加强、联动化实施的工作路线，着力构建"朋辈互助+社区"式综合育人体系。

（一）体系化打造

朋辈互助进社区应加大统筹规划，完善三大品牌活动体系，在向更加标准化、规范化方向发展的同时，提高对朋辈互助进社区的支持力度。学院和学校应加大对朋辈互助的支持力度，即学院应尽可能地提供资源和保障性支持，学校则提供更加专业化的技术、场地等支持。

加强对朋辈互助进社区的理念、形式和育人成效的宣传推广，将"实践遇见未来"分享会、"学习共同体"项目、朋辈沙龙三大育人品牌打造成具有特色鲜明、颇具校内外影响力的朋辈互助活动。

（二）示范化加强

发挥示范引领作用，通过一些具有代表性的案例引领、激发同学们的参与热情，增强大家对朋辈互助进社区的兴趣。

通过不断创新活动形式，引入新技术、新方法等提高朋辈互助的效率和便利性，实现朋辈互助进社区发展的可持续性。

（三）联动化实施

针对学生的个性化需求和不同发展阶段的特点，建立朋辈互助进社区的多元模式，分类化、有针对性地开展不同层次、不同类型的活动。

建立朋辈互助进社区跨校跨专业联动模式。教育部副部长吴岩曾提出"新使命大格局　新文科大外语"，以此为指导，学校应充分利用外语优势将优秀案例推广到其他高校，同时引入其他高校的优秀案例，相互借鉴，取长补短，鼓励学生开阔视野，了解世界，而不仅仅局限于本校资源。

10

第十章

文明涵养

进社区

第一节

文明涵养进社区的内涵

　　文明建设是高校深化中国特色社会主义和中国梦学习教育、培育和践行社会主义核心价值观、弘扬民族精神和时代精神的重要基础，有助于形成良好的校园道德风尚。2015年，《教育部　中央文明办关于深入开展文明校园创建活动的实施意见》明确规定了高校文明校园"六个好"的具体标准：领导班子建设好，思想政治教育好、活动阵地好、教师队伍好、校园文化好、校园环境好。

　　文明涵养进社区是促进高校文明育人的重要途径，是社区文化育人的重要方面。文明涵养进社区坚持"以生为本"、坚持思想引领、坚持守好阵地、坚持多元互动，注重精神文明建设和网络文明建设，促进崇尚文明、学习文明、践行文明蔚然成风，促进追求科学、文明、健康的学习方式和生活方式成为广大学生的自觉行动，实现高校文明建设由形态文明向素质文明的深化，充分发挥文明化人、润物无声的作用。

第二节

文明涵养进社区的作用

文明涵养进社区的功能主要体现为文明育人，通过中国优秀传统文化教育、文明教育和道德教育固本培元、温润心灵，塑造高质量育人环境，增强全方位育人效果，推进高校文明校园建设。

学以崇德，培养文明自觉。弘扬中华优秀传统文化、传统美德、民族精神和时代精神，注重社会公德、职业道德、家庭美德、个人品德的培育，营造向上向善的社区文明氛围，培养广大学生的文明自觉。

学以明理，发展文明规范。教导广大学生善于明辨是非、锤炼品行，乐于悟道理、懂学理，规范自身言行，致力于形成社区内人人善学、乐学的文明规范。

学以力行，维护文明秩序。鼓励广大学生将践行社会主义核心价值观转化为身体力行的文明实践，发扬光荣传统、主动担当作为，维护校园文明秩序。

学以增信，厚植文明素养。引导广大学生坚定理想信念、增强文化自信，从优秀的文明和文化中寻找理论信仰、汲取精神力量，不断厚植文明素养。

第三节

文明涵养进社区的路径

《公民道德建设实施纲要》指出，公民道德建设的过程是教育和实践相结合的过程。文明涵养进社区：一方面要注重文明教育。在构建社区文化育人的思路上，应深入推进中华优秀传统文化教育进社区，增强文化自信，领悟更为深沉且持久的精神力量；深入推进国内外先进思想文化的交融，增强文化包容，培养"立足川外、放眼世界"的胸怀、气度。

另一方面要注重文明实践。在落实社区文化育人的举措上，应同时完善线上线下阵地建设。利用线上平台，加大高质量文化作品的宣传和输出，筑牢思想根基；利用线下空间，打造与时俱进、独具匠心的文化阵地，创新以学生为主、引领为先的文化活动，切实有效地促进校园文明走进社区、走进学生。

本节立足川外实际情形，主要介绍文明涵养进社区的五个方面，即创推文明模范、创建文明寝室、创办文明展览、创搭文明网络、创设文明实践。

一、创推文明模范，培育榜样力量

高校在教育教学、学科竞赛、科学研究、创新创业、实习实践、志愿活动中涌现出来的先进集体、先进个人是高校文明育人、践行社会主义核心价值观的文明模范。文明涵养进社区：一是要善于发现和运用学生群体中的先进典型，树立可亲、可敬、可信、可学的榜样；二是要在学生社区内广泛开展向上向善、见贤思齐的学习互助活动，激励学生刻苦学习、勇于探索、积极实践，成为德才兼备、全面发展的中国特色社会主义建设者和接班人。学校依托各类先进集体和先进个人的评选活动，例如三好学生、优秀学生干部、精神文明先进个人、创新能力提升个人、体育活动先进个人、志愿服务活动先进个人、先进班集体和优秀毕业生等，全方位、宽领域地创推文明模范，在学生社区不断地培育先进榜样，不断地培养将来能为社会作贡献的青春力量。

例如，为深入贯彻落实党的二十大和全国、全市教育工作会议精神，践行社会主义核心价值观，根据教育部《普通高等学校学生管理规定》《四川外国语大学学生奖励管理规定》，四川外国语大学2021—2022学年评选出的先进个人和先进集体包括三好学生613人、优秀学生干部656人、精神文明先进个人519人、先进班集体48个、艺术教育活动先进个人11人、志愿服务活动先进个人412人、创新能力提升先进个人255人、体育活动先进个人55人。通过评优评先活动，进一步树立了先进典型，凝聚了榜样力量，有利于大学生成长为德智体美劳全面发展的社会主义建设者和接班人。

二、创建文明寝室，营造和谐氛围

大学寝室是学生日常学习、生活和人际交往的固定场所和公共空间，也是学生社区文化育人的重要阵地，肩负着大学生思想政治教育的重要使命。寝室文化是校园文化的重要组成部分，在大学生的成长过程中发挥着不可小觑的作用。学校每年开展校级市级"文明寝室"评比、"最美寝室"评选等活动，充分发挥学生社区寝室文化育人功能，动员广大学生发挥主观能动性和团队协作精神，以寝室为单位参与文明社区创建，并评选环境优美型、求真问学型、党员示范型、知行合一型、科研创新型等特色寝室，促使学生养成良好的行为习惯，营造和谐的校园文化氛围，引领社区文明新风尚。

本节结合四川外国语大学实际情形，主要介绍以下五类文明寝室创建标准。

（一）环境优美型

寝室布置整洁美观、大方优雅、体现专业特色；寝室成员和谐友爱，文化氛围浓厚；寝室成员文化生活健康、文明、丰富；寝室成员积极参与劳动、参加体育锻炼，自觉维护环境卫生。

（二）求真问学型

寝室成员勤奋学习，成绩优良，积极参加各类学术科研实践活动、文体运动及竞赛，形成比、学、赶、帮、超的良好氛围，有成员获得各级各类奖学金、先进表彰，学习风气浓厚。

例如：《川外1寝室3人拿下8份名校保研offer》

学霸名片：

许同学	
专业成绩	2016级英语学院教育方向 1.专四92分（全校最高分） 2.专业课成绩平均分达91.14分
保送学校	◎上海交通大学 夏令营拿到厦大、上交offer 预推免拿到北京外国语大学offer （笔面试及综合成绩均为第一）
主要获奖	连续两年获得国家奖学金 全国大学生英语竞赛二等奖 全国大学生英语学术词汇竞赛二等奖 校三好学生、优秀学生干部
兴趣爱好	网球、排球、钢琴、唱歌
马同学	
专业成绩	2016级英语学院翻译方向 1.专四88分 2.专业课成绩平均分达90.23分
保送学校	◎南京师范大学 夏令营拿到西南大学offer 预推免拿到南京师范大学offer
主要获奖	全国大学生英语学术词汇竞赛二等奖 全国大学生英语竞赛二等奖
兴趣爱好	篮球、动漫、美剧、游戏
郑同学	
专业成绩	2016级英语学院教育方向 专四优秀 专业课平均成绩达90.12分
保送学校	◎上海外国语大学 夏令营拿到四川大学、山东大学offer 预推免拿到上海外国语大学offer
主要获奖	全国大学生英语学术词汇竞赛一等奖 全国大学生英语竞赛三等奖 校三好学生、优秀学生干部
兴趣爱好	乒乓球、动漫、电影、游戏

保研秘诀：

化寝室为家，共同成长。"我们寝室的整体氛围很好，每个人的开心大笑都可以融入我们的日常生活中。"几位寝室成员异口同声地说，"我们一起设计、一起布置、一起排练、一起撸串、一起游戏、一起学习，感觉非常合拍。"的确，寝室成员性格相合、兴趣相投，可以使彼此之间好感度增加、包容性更强。

学与玩有机结合，保持高度自律。"该玩就玩，该学习就学习"，这是该寝室成员一贯奉行的准则。寝室成员给自己留出足够的休息时间。"但休息并不等于偷懒，我们不会花10个小时去做5小时就能完成的事。"他们认为，"全身心地投入学习会比学十分钟就玩一会儿的收获大得多。"

多元化发展，同向同行。专业成绩+社会实践，二者缺一不可。他们认为："很多同学可能会为专业学习与社团活动、社会实践的时间冲突而困扰，只要懂得取舍，一些很有意义、含金量很高的志愿者活动完全值得你的投入。"

（三）党员示范型

寝室成员认真学习贯彻习近平新时代中国特色社会主义思想，思想上积极要求进步，具有高尚的道德情操，时刻以党员标准要求自己、带动他人，践行正确的世界观、人生观和价值观，积极传播正能量。

（四）知行合一型

寝室成员具有较强的责任意识和集体荣誉感，积极参与学校举办的思想政治、专业竞赛、素质教育、志愿服务、创新创业、实习实践等活动，具有团队精神，互帮互助，共同进步，室风优良。室长尽职尽责，主动发挥模范带头作用，富有号召力和向心力。

例如：《起于微末，发于华枝》

榜样名片：

思想政治方面	
尹同学	中共党员，第四届研究生支教团（全国第二十届）临时党支部书记
韦同学	第四届研究生支教团（全国第二十届）临时团支部书记
牟同学	中共党员，第四届研究生支教团（全国第二十届）成员
徐同学	第四届研究生支教团（全国第二十届）成员
专业学习方面	
4位同学	2018年，获四川外国语大学研究生新生一等学业奖学金 2019—2020学年，获四川外国语大学研究生一等学业奖学金
个人荣誉方面	
尹同学	2019—2020年，获校"三好学生"荣誉称号
韦同学	2019—2020年，获校"优秀学生干部"荣誉称号
牟同学	2019—2020年，获校"三好学生"荣誉称号
徐同学	2019—2020年，获校"三好学生"荣誉称号
创新能力方面	
尹同学、牟同学、徐同学	2019—2020学年，获"创新能力提升先进个人"荣誉称号 2020年，获第十届全国大学生电子商务"创新、创意及创业"挑战赛重庆赛区一等奖、最佳创意奖 2020年，获第六届中国国际"互联网+"大学生创新创业大赛重庆赛区银奖 2020年，获第十二届"挑战杯"中国大学生创业计划竞赛重庆赛区铜奖
志愿服务方面	
尹同学	2019年，获"中新金融峰会优秀志愿服务工作人员"荣誉称号 2020年，获重庆市"公益青春""青少年之家"大学生志愿服务项目设计大赛银奖

续表

志愿服务方面	
韦同学	2019年，获中国国际智能产业博览会优秀志愿服务工作人员荣誉称号 2019年，获"重庆英才大会优秀志愿服务工作人员"荣誉称号
徐同学	2020年，获重庆市"公益青春""青少年之家"大学生志愿服务项目设计大赛银奖

成长密钥：

爱在支教，友谊至上。以上四位同学同是四川外国语大学第四届研究生支教团成员，在支教期间四人相知益深，无论是人生的道路、友谊的征程还是学业的奔赴，他们都在相互帮助、相互关爱和相互支持中实现了完美的过渡。

在竞争中合作，在合作中竞争。四位同学都是学生干部，在日常生活中时常分享工作经验，相互帮助；四人默契十足，只要有一人得知活动或者考试信息，一定会帮其他三人报名；如果有一人参加比赛，其他三人一定会到场为其加油助威；四人合作参加的竞赛同样取得了优异的成绩。

（五）科研创新型

寝室成员科研创新兴趣浓厚，主动参加各类学科竞赛、专业学术论坛、科研工作坊，并能基于理论与实践知识做出科研成果，发表各类学术论文及各种研究成果。

三、创办文明展览，厚植文化认同

学校以中华优秀传统文化宣传教育为基础，紧紧抓住全球化背景下特色异国文化优势，坚持引进高雅文化进校园、进社区，创办文明展览，进一步促进文化交流和互学互鉴。

学校基于"国际导向、外语共核、多元发展"的办学特色，长期与重庆中国三峡博物馆合作，陆续选送特色文化展览进社区，如商代甲骨文特展、馆藏百年历史文物展、巴国展览、长江文明主题展、安第斯文明特展、国际文化展等；同时，结合文化特征和学生特点，打造"文化展+"系列特色活动品牌，发挥文明涵养功能，增强文化浸润效果。此外，学校还依托"川外学生之家"线上线下平台，追寻文明记忆，厚植文化认同，焕发社区文化新活力，涵育师生文化素养。

（一）社区文化展+体验

送传统文化，回望历史。例如，2021年11月19—26日，由重庆中国三峡博物馆主办，学校党委学生工作部承办，"川外学生之家"特设党支部、大学生党员示范岗协办的"神秘的巴国"走进长江文明主题系列文物展在松苑十五栋举行。展览进社区，实践在手中，寻历史古迹，品昔日百韵。本次展览位于社区寝室群，共分为六个单元，展出了多种巴文化文物精品，全面地向社区学生呈现了巴国的前世今生，增强了学生的文化体验感。

1.寻——神秘巴国的踪迹

此次展出的图片和文字仿佛带领社区学生乘上了通往古老巴国的时光列车，一起去探寻巴国的踪迹，体验巴国神秘的魅力。

2.听——古老文物的故事

重庆中国三峡博物馆的工作人员带领社区学生与文物展开了一场时空对话，分别讲述了古老巴国初君、王室、将士、平民、后裔的故事。

3.感——亲身体验的乐趣

重庆中国三峡博物馆的工作人员为社区学生分发了工具和材料，公开上了一次生动的手工体验课，让学生们通过自己的双手来表达对古老巴国文化的诠释和理解。学生或画出证明秦灭巴蜀及秦器巴用的铜戈的线条，或剪出由玉璧、玉珩、玉环、玉璜、玉管等组成的战国玉组佩等。

通过此次展览，学生们充分领悟了巴渝文化的核心内涵：适应环境、坚韧顽强的生活态度，天人合一、敬畏自然的处世哲学，追慕先贤、善于学习的进取精神，天性骁勇、质直好义的英雄本色。这种精神有利于促进学生创新创业研究与三下乡社会实践相结合，助力乡村振兴，弘扬非遗文化。

（二）社区文化展+表演

送国际文化，走向世界。例如，2021年12月3—4日，四川外国语大学2021年"'一带一路'文明互鉴：多语共生，多元共融"国际文化节在西区风雨操场成功举办。来自加拿大、白俄罗斯、匈牙利及柬埔寨等国驻渝领事馆的国际友人、重庆市各级领导以及各界嘉宾莅临现场。本次展览在学生社区篮球场举行，展区由两部分组成：传统的展览区和独特的表演区。这两部分均生动形象地展示了各国最有代表性的文化作品，有利于更深层次地增强文化交流，促进学生加深对专业学习的理解。

1.展览区

本次文化节共设置31个展区，包括中国、俄罗斯、德国、泰国等27个文化展区及4个特色展区。各展区从地理环境到饮食习俗，从艺术文化到科技产业，采取图文影音、现场讲解、游戏互动等方式，内容与形式兼具趣味性和互动性。

2.表演区

波兰语歌曲《Jaity（我和你）》、法语版《告白气球》，原创西班牙语话剧《玫瑰》，汉服秀、和服秀以及阿拉伯、朝鲜、越南等9国服装秀，以色彩为语言，生动地讲述了来自五大洲的多元文化。

本届文化节的四个特色展区内容各有千秋：重庆青年电影展的获奖作品展示了光与影的艺术，"非遗"加工展示了传统与现代的碰撞，外事礼仪展示了涉外场合的种种细节，乡村振兴故事则展示了紧密贴合时代的川外青年力量。

四、创搭文明网络，唱响时代旋律

2021年9月，中共中央办公厅、国务院办公厅印发的《关于加强网络文明建设的意见》指出，加强网络文化建设，主动适应"微时代"新形势、新特点，充分发挥新媒体作用，提升舆论引导能力。四川外国语大学以文明网络建设为重点，突出价值引领，一方面，依托"川外学生之家"微信公众号打造学生网络社区，发挥网络思政育人优势，积累网络思政育人力量，创作集思想性与趣味性、知识性与价值性于一体，与时俱进、深受学生喜爱的网络文化作品，增强网络文化传播的吸引力、影响力和感染力；另一方面，基于网络社区的特点和优势，组建网络思政育人队伍，扎根社区、关注学生，把握前沿和热点话题，传播正能量、弘扬主旋律，强化网络文明引领，与时代同频共振，实现高水平网络文明育人。

打造校园"微"文化，充分发挥"微言微语"贴近学生的优势和微体系传播优势，拓展思政工作空间。四川外国语大学主要打造了以下品牌栏目：

（一）人际关系篇

基于大学校园内学生的自我意识觉醒和人际交往模式，引导学生关爱自己、关心他人，积极构建和谐的人际关系。围绕"独处""自我空间""友情""同窗情""师生情""父母关系""社交""共同体"等人际关系热点话题，创作了《温暖不惧山海阻，SISUer间情深似海长》《进！进！进！｜收下这份社恐自救指南》《告别emo｜向四月的阳光说嗨嗨》《Look，别发呆｜这是谁的朋友圈！》等推文。

（二）学习科普篇

通过知识科普、方法传授、经验分享等方式，引导学生养成良好的学习习惯，提升学习技能。围绕"考研""出国""小语种""心理健康"等关键词，发布了《令人心动的二外》《我上岸了，我落榜了｜来听十位考研人的自述》《巧记单词｜甄学家们！跟着〈甄嬛传〉背单词啦》《知了｜5.6亿人感染的"HP"，你被盯上了吗》等推文。

（三）毕业设计篇

每年6月，四川外国语大学都会"定制"当年的毕业典礼，通过营造毕业氛围、赠送毕业礼物等方式，培育学生的爱校荣校情怀，期待学生以更好的姿态迎接未来的挑战。围绕"毕业MV""校长寄语""毕业祝福""表白川外""回忆""毕业季"等关键词，创作了《2022毕业企划｜志去星辰外，躬身川海间》《毕业MV｜〈和光同尘〉——不为盛名来，不为低谷去》《毕业季｜川外送你满地星辰！》《见字如晤，纸短情长——写给我的川外》《启程｜"我们自歌乐川外，迈向大千川海"》等推文。

（四）校园热点篇

通过实时报道学校热点新闻和校园大事件，讲好川外故事，引导学生关注学校的发展与变化，关注身边事儿，积极融入学校建设。围绕"川外热搜""川外年鉴""川外纪念日""师生员工喜报"等热点话题，创作了《川外热搜｜这些SISU"热"事，你关注到了吗？》《盘点｜2021年川外十大变化》《学期总结｜SISUer们共同的朋友圈》《川外72岁生日快乐｜我们在青春的赛道奋力奔跑》等推文。

（五）校园生活篇

透过学生的视角，用学生喜爱的方式来展现丰富多彩的大学校园生活，帮助学生树立"我校是我家"的主人翁意识，促使学生更快更好地适应校园生活。围绕"图书馆""校园探店""校园巴士""寝室生活"等关键词，创作了《人手一份｜川外版〈探店图鉴〉》《开学第一周｜校园生活的适应与改变》《宿舍拍照｜用相机记录青春最好的模样》等推文。

（六）校园风景篇

通过相片、视频、漫画等形式记录学校的各处风景、各种天气，引导学生善于发现校园的美，传递温暖向上的能量。围绕"川外瞬间""校园建筑""三花路""川外的春夏秋冬""天空"等关键词，创作了《SISUer人均摄影师｜定格你眼中的川外瞬间》《夏初长｜跟着校车，游览夏意渐浓的川外》《SISU窗外｜无心之处静显美好》等净化心灵的推文。

（七）校园人物篇

通过访谈优秀教师代表和学生先进个人，进一步选树师生典型，发挥榜样力量。围绕"十佳辅导员""朋辈导师团""三好学生""优秀学生干部""优秀毕业生""志愿服务先进个人"等关键词，创作了《人物丨张珂：是十佳辅导员，也是学生们的珂哥》《人物丨唐昊宇：扎根教育之壤，探枝希望之空》《人物丨王宇豪：瞄准华为，奔向华为》《人物丨龚陶：串珠成链——愿你走的每一步都有迹可循》等推文。

（八）重要事件篇

通过总结年度校内外重要事件和主题教育活动，引导学生明事理、悟真理、讲道理。围绕"高考倒计时""纪念'6·5'大轰炸惨案""劳动精神"等关键词，创作了《在SISU，我们这样学雷锋》《倒计时18天丨给高考学子的520"告白"》《今日，全城警报长鸣，每个重庆人都不会忘记!》等推文。

五、创设文明实践，践行使命担当

高校创设文明实践活动是落实文明涵养进社区的重要举措，以"知行合一"为原则，促进广大学生在文明实践中增长知识、锤炼才干，由文明教育的对象转化为文明宣传的参与者，由被动转化为主动，促进文明涵养行动进一步落地落实。学校以"文明我先行"为宗旨，创设系列文明实践活动，制订光盘行动、文明乘车、节约用水、拒绝图书馆占座等文明公约，开展读书活动、防艾宣传、礼仪课堂、健身打卡、校园广播等文明活动，身体力行地践行文明承诺，丰富第二课堂活动，践行劳动价值。同时，学校以"志愿服务"为主要形式，依托校内各类志愿服务资源，搭建服务平台、提升服务意识，增强青年一代的使命担当。

文明涵养进社区的经验

本章基于对文明涵养进社区的内涵辨析、功能解析、案例分析，明确了社区文化育人中文明育人的重要作用，梳理了文明育人的优势和特点，为进一步优化高校文明涵养进社区提供了可资借鉴的思路和路径。主要总结了以下四个方面的内容：

（1）坚持强化思想引领，强化学生社区中大学生的思想政治教育。高校应深入探索全方位、深层次、宽领域的文明育人要素，结合实际，大力开展符合时代要求和学生需求的价值引领活动。

（2）坚持优化阵地建设，牢牢把握线上平台和线下空间的育人能力。高校应进一步充分利用线上线下宣传资源，多形式打造宣传阵地、宽领域扩大阵地影响力、多维度提升阵地引导力，提升师生满意度。

（3）坚持制度健全完善，建立健全文明涵养进社区的相关制度是促进育人效果的保障。高校应基于实情，建立督查制度、健全奖惩机制、完善投入机制等体制机制，进一步协调和促进社区文化育人系统的运行，增强育人效果。

（4）坚持提升队伍建设，不断挖掘并凝聚师生中的文明育人力量。高校应充分认识到推动文明涵养进社区过程中队伍建设的重要性，既要激发学生主体的主观能动性和协调互动性，又要注入特色鲜明的师资力量，进而形成更有力的育人合力。

11

第十一章

案例篇

社区文化育人的典型人物

近年来，社区文化育人的探索与实践涵育了一大批德智体美劳全面发展的川外学子，他们在专业竞赛、创新创业、社会实践、志愿服务等领域均取得了较好成绩，成为校内学生学习的榜样。每年10月，学校都会组建"实践遇见未来"讲演团，组织一批优秀榜样与全校师生分享，讲他们的实践故事，扬青春奋斗的风帆。以下是"实践遇见未来"分享会优秀学生的演讲实录稿。

2020年"实践遇见未来"讲演团代表

看到当下，一直在路上

商务英语学院　陈渭中

大家好，我叫陈渭中，我的自媒体ID叫Adam陈老丝。我是一名自媒体博主，同时也是你们2012级的校友。今天我想和大家分享三句话，这三句话是我多年的经历所感悟出来的。

第一句：思想和灵魂必须同时在路上。

大一时，我梦想成为张璐那样的同传翻译。真正改变我的是大一下学期的一次经历。当时美国著名萨克斯演奏家Kenny G来重庆巡演，招募大学生翻译志愿者，为其演出团队做翻译服务。

那是我第一次真正意义上接触翻译，他们的语速很快，口音也很重，我经常听不懂，一次次地去道歉和拜托别人再重复一次。但客户并不会像学校老师们一样鼓励我，至今我都清楚地记得当时那位客户说的话："you are useless! I don't need you."我陷入了沮丧。当时的我面临一个选择，是否定自我，从此放弃做同声传译的梦想，还是拼命地去证明自我。最后，我选择了后者。

从那以后，我立志要考上口译专业研究生。决定了要考研之后，我就开始选学校，然后搜集真题资料、上网浏览经验帖、早起泡图书馆，还有考相关的证，例如CATTI。大二时，我得知年级有6个保研名额，于是我有了新的奋斗目标——保研。那时保研不只会看学业成绩，还会参考综合实践。所以，我又参加了很多比赛、竞赛（综技比赛第一名、Mariah Carey重庆巡演招募翻译志愿者、大三阿姆斯特丹博物馆馆长分享会做交传）。功夫不负有心人，最终我成功保研到了同济大学。

所以，不要轻易接受别人的否定，没有尝试过，你又怎么知道自己不会成功呢？

接下来，我再和大家分享一些我读研阶段的高光时刻吧。我曾经为诺贝尔奖得主、同济大学副校长、上外梅德明教授以及Zara大中华区CEO做过翻译。并且，我终于坐进了一直向往的同传"小黑箱"。

所以，当你有一个目标时，你做的每一件事都要与你的目标相关。就像我之前参加一个综艺节目与演员叶璇交流时，她说："如果你想成为一名演员，那你做的每一件事都必须与表演相关。"

不要觉得自己才大一，还有很多时间，时间永远经不起浪费。充分利用自己的时间，做与自己目标相关的事。

第二句："你要关注的是自己要说什么，而不是别人对你说什么"。这是之前参加一档综艺节目时，杨澜老师说的一句话，我也想与大家分享。

和大家说说我做自媒体两年来的心路历程吧。其实刚开始看短视频时我还不屑一顾，你们肯定也看过那种音乐"锵锵锵"然后变个装就几百万赞的短视频。我就想：这也能火？那我为什么不能？所以大概出于想要证明自己能做出更有内涵、更有才的视频的原因，我拍了自己的第一条视频，是一个方言集锦。结果第二天，我一打开抖音，发现自己的评论、私信、点赞都是99+，一夜之间涨了一万多粉丝，我当时心里只有三个字：我火了。之后我又陆续地拍了一些视频，我比较喜欢模仿各国英文口音，这些视频还上了多次热搜。

　　然而，成了网红，我快乐吗？

　　我发现，我变了。我害怕打开自己的评论区、私信，害怕看到那些五花八门的攻击、非议、嘲讽、吐槽。我不明白这些陌生人恶意的来源，也曾经不服气地、愤怒地不断去回怼，然后我渐渐发现，我成了"网络喷子"的奴隶。

　　直到有一天，我收到一条私信，一位粉丝说他从我的视频中得到了治愈和能量。还有粉丝说，我激励着他取得了考研的成功。就在前几天，还有一位粉丝告诉我，是因为我，他决定报考川外，并且在今年成功圆梦。于是我意识到，我是可以影响到别人的。

　　很多人对"网红"这个词或许有误解，认为网红就是不学无术、快餐文化、哗众取宠。

　　但我的理解，更贴近于"网红"在英文中的翻译"KOL"（key opinion leader），他们是在某一个专业领域能发表独到见解的一群人；也可以翻译成Influencer，有影响力的人。我觉得这才是网红应该有的样子——去影响和启发别人。我也希望今天的演讲能启发到你们。

最后，我想分享的第三句话：孤独是人生的常态。

在以前考研、考证时，许多时刻我都会感到特别孤独。这种孤独感的来源，小到一顿午饭找不到同伴，周末想出去玩儿却约不到人，甚至毕业时与同学分道扬镳。孤独是人生的常态，每一个人都只能陪伴你人生中的一段路，真正能一直陪伴我们的只有自己。我们要学会跟自己独处，只有当我们静下来与自己独处时，才能听见自己内心的声音，而不是周围那些嘈杂的声音。只有独处的时候，你才有时间安静地想："你是谁？""你要的是什么？""你要做什么？""你的目标是什么？""为了你的目标，你要做哪些相关的事？"要学会看到孤独背后伟大的力量。

最后，我想送给大家一句话："Live like there's no tomorrow."看到当下吧，你们还很年轻，你们都会很棒的。

Greate Possibilities

国际教育学院　王翌璠

大家好，我是2013级国际教育学院商务英语专业的王翌璠。我今天演讲的主题是Create Possibilities，希望我今天的分享能带给大家一些收获。

来川外上学，我是从宜昌坐船来重庆的。在船上，我遇到了一些外国人，他们热火朝天地聊天，我很想去融入他们、展现一下咱们中国人的热情好客，然而当时的英文水平"劝退"了我的一腔热血。来到川外之后，我想既然来了一所外国语学校上学，我就一定要学好外语，成为一名中外交流的使者。

在川外的两年时光，我的精力都集中在学习和备考中，努力考了很多证书（例如雅思），出国后才有了更多的时间参与更多的课外实践活动。

在出国前的雅思考试中，我考了6.5分，我本来以为自己英语水平还不错，但真正出国后却发现自己听不懂，也经历了一段时间的艰难锻炼，从而磨炼自己的内心。同时，我也在不断地尝试融入当地文化，参加更多的社会实践活动，在实践中沟通，我的口语水平也得到很好的锻炼。此外，通过一点一滴的积累，我获得了数百小时的志愿者工作时间，被学校认可并当选为留学生大使。

我记得曾与一位来自印度的老师交流过，我很好奇他的母语不是英语，为什么英语说得这么好。他告诉我一个方法："每天你走在路上遇到的每一个人，你都和他打招呼，不管认不认识，在这个过程中，你既能提升自己的英语口语交流能力，也能扩大自己的交际圈。"我真的尝试了这个方法，确实也是有效的，就这样，在全英文"浸泡"环境中，我的英语应用能力逐步得到提升。

在参加了很多志愿活动后，我希望能做更多对中国文化、中国形象有贡献的事。于是，我组织了中澳青年联合会和加拿大资助中国乡村女大学生公益协会的一个活动。我们筛选了20名同学参与这个活动，并且完全自主设计、组织了所有活动内容，例如瑜伽、bating、跨文化交谈、夜谈交流等。在这个过程中，我们争取到了澳大利亚驻中国大使馆的资金支持，还有许多校友的支持。通过活动，我们既锻炼了自己的多方面能力，也获得了非常丰富且宝贵的经验。

大概在纽卡斯尔大学待了一年半，我便成为该校首位"全球公民奖"获得者，这个奖对我来说既是肯定也是鼓励，当然也非常荣幸。

志愿活动为我打开了更多机会的大门。我曾在纽卡斯尔国际办公室做一些临时工作，后来我幸运地得到了正式offer。在离开纽卡斯尔之后，业余时间我也会回去工作，工资待遇也非常优渥。

毕业时，我有幸被选为纽卡斯尔大学荣誉学生之一。虽然纽卡斯尔大学不是全球数一数二的名校，但是我在这里的收获并不亚于进入一个更加知名的大学所带来的体验。用丘吉尔的一句话来总结这段经历就是："Continuous effort, not strength or intelligence, is the key to unlocking our potential."

在出国之前，我一直是一个内向、严重缺乏自信的人，但在实践中我渐渐发掘了自己的潜能和更多的可能性，也让自己学会承担一个领导者的角色，对周围的人或事产生更大的影响。

在本科毕业后，我其实做过一个选择，是回国工作，还是在澳大利亚工作，或者继续考研。选择在我们的生活中无处不在。最后我决定申请美国的一个青年学生社会孵化器项目。我非常认真地准备了三个月，做各种选题、调查、数据统计、分析等，当时还比较有信心，但遗憾的是，最终我并没有通过面试。有些失落，不过我很快就调整好了自己的心态，转而选择了自己的plan B——继续读研。于是我来到了墨尔本大学。

我的心态是既然来到一所很好的学校，就要更好地提升自我。当看到更多更优秀的人，我的心理也是有落差的。于是，我就努力地自我调整，告诉自己每天进步一点，量变就会产生质变。

在墨尔本大学，我主要做了以下几件事：一是帮助留学生更好地融合（留学期间会遇到形形色色的人，不乏偏见）传播中国文化等；二是为中国留学生做了一些努力，例如创立中澳青年社区。创立这个组织的原因之一，是我作为中澳青年联合会财务总监，在工作过程中，发现这类组织中占主导地位或者位于领导层的中国留学生比较少，我希望能有更多的中国留学生加入这类组织。在发展过程中，这个社区的知名度逐渐扩大到整个维多利亚地区，我们还在网络上接收到很多来自各方面的关心与鼓励，我在当地也做了一些宣讲与分享。同时，我作为留学生代表还参与了中澳青年对话高层论坛，组织了墨尔本国际留学生大会。这些活动都是很宝贵的人脉及资源积累的机会，整合这些人脉和资源就可能创造更大的价值。

在墨尔本大学的留学经历让我深刻体会到对留学生的呼吁和支持。用一句话概括就是：Ability is what you're capable of doing, motivation determines what you do, attitudes determine how well you do it.

在墨尔本大学的学习结束后，我又一次面临选择，回国还是继续留在澳大利亚，还是去做一些国际志愿者工作。这一次，我选择了留在澳大利亚。我申请了一家澳大利亚上市能源公司的管培生，在自荐过程中，我做了一次自我复盘，回顾了自己这些年的志愿者经历，最终凭借这些经历，我在6000多名申请者的竞争中成功突围，获得了offer。

后来，我申请了Watson，这一次我的心态更加平和。幸运的是，这一次我成功入选，并以全额奖学金参与了为期一个月的孵化器项目。

这一个月的经历，对于我个人的成长影响是巨大的。当时一同参与这个孵化器项目的还有一些非洲学生，他们对任何事物总是很热情并且十分珍视。他们在艰难的条件下依然能积极向上、乐观豁达，对于梦想保持不懈的追求，让我很受触动。其实很多人一开始并不知道自己要做什么，都是经过一步步探索、发现，才逐渐找到方向的。

在美国，我还参与了一些创业活动，例如谷歌创业周末大赛。当时我们团队很幸运地包揽了三项大奖，正是这个经历让我更加明白团队合作的重要性。我们用两天时间打造了一个针对美国小学生财商教育的软件，并且做了一个大概100人的survey，了解大家对我们这个项目是否感兴趣和支持程度，效果也是很不错的。这个活动再一次印证了我们个人不仅需要参加很多实践活动，还要定期复盘、反思自己能为团队带来什么价值，以及可以改进和提升之处。

最后，我们要给全体市民做一个report，一个商业路演，目的是争取一个潜在的投资机会。当时我所在的团队是一个非营利性组织，最终争取到了1200美元的投资，用于开展一个为期三天的活动。虽然这个项目因为其他原因没能开展，但如有机会的话我和我的团队还是会将这个计划落地的。套用罗斯福女士的一句话来说，就是"You gain strength, courage, and confidence by every experience in which you really stop to look fear in the face."尝试一些新的、尚未做过的事的时候，难免会兴奋、紧张，不知道自己能不能做好，但你必须要有勇气走出自己的舒适圈，尽管最终结果不一定像预期那样有非常好的效果，但是你一定会有新的、不一样的收获。

在疫情期间，可能有不少人都有这样的经历，开始待在家中感觉时间很充足，刷刷剧、看看书很是惬意，但时间长了就会感到茫然和浮躁。当时我们因为疫情，不能将针对女性的这个为期三天的项目落地，于是我们开始组织一些线上的分享会，邀请到全球许多国家不同职业、不同身份的人来做一些分享，对我也有很大的启发和激励。

今年年初，我有幸参加了广州中澳青年女性发展峰会，会上我做了一个主题演讲，就是我为什么要做一些与女性相关的项目，为什么会对这些项目感兴趣，其实这些都与我的个人经历息息相关。大家在分享我们经历的时候不要总觉得"这是别人家的孩子，跟我没什么关系"，其实人的一生中成功与失败是相互依存的。当我申请麦肯锡的一个项目时，系统会从全球挑选100名优秀女性与你一起做一个两天的交流活动，我当时很认真地做了充分准备，但最后还是没有通过。面对拒信，我选择了释然，也在网络上分享了一些自己对于失败的总结和看法，不仅获得了6万多的点击率，还在评论区收获了不少鼓励。

今年我被选为Young Australia China alumni of the year award，我感觉非常荣幸！这个过程既可以积累自己的人脉和资源，还可以看到一些人包括自己的成长与改变。接下来，就是一些纯干货的分享。

一是如何找到激发自己的动力和热情。通过这个"Ikigai"模型，你可以自己去做一个简单的分析。

当你能够把热情、使命感、责任和事业融为一体的时候，你就找到了成功的真正意义。这个模型适合每隔一段时间就拿出来做一个分析，然后反思自己的track。

二是如何把梦想落地。在这里，先给大家推荐一个video（"how a great leader inspires action"）。"黄金圈"理论：你要从内核"why"开始，然后去思考"how"，最后达到的目标就是"what"。意思就是你做任何事都是为了内核"why"，按这个顺序去不断反思和总结。

三是如何实现长远发展。很多时候你会发现自己因为冲动而做一些事，但最后都没有坚持下来。所以从长远来看，首先你要知道自己的purpose和vision是什么，其次你要把它们分解为一些short term和long term目标，short term可以具体到每一天，还可以制订一些年度目标，它们之间是相辅相成、互相促进的。

很多人都有丰富的经历，但是想真正实现长远发展的话，就需要经常进行复盘和反思，把它们真正变成自己的东西。现在，基本上每个月我都会发表一篇博客，来分享自己学到的一些新东西。

今天，我的分享就到这里，希望大家能从我的演讲中获得一些有用的东西，并且在生活中真正实践它。最后，送给大家一句话：Do not wait until the conditions are perfect to begin. Beginning makes the condition perfect.你只要开始，永远都不会晚。谢谢大家！

做一个有温度的人

中国语言文化学院　林治含

大家好，我是来自中文系的林治含。今天，我要跟大家讲一个故事，我给它取名为"做一个有温度的人"。在讲故事之前，我想说几句题外话：我是今天的最后一个演讲嘉宾了，在我之前演讲的其他学姐学长们基本上都保研了，我想说的是学习成绩好，你不一定会有一条很好的出路，但是，你可以有更多的出路和选择，所以说，好好学习吧，不要像我一样。好的，闲话少说，回到我今天的分享上来。为什么我给故事取名为"做一个有温度的人"？这句话是我在一个名为毒鸡汤的公众号上看见的，原话是：这个世界很残酷，我们需要有温度。所以，"什么人是一个有温度的人？"对我来说，不可能对它进行一个很准确的定义，但是，我希望通过我的故事能让在座的每个人都有所理解，对这句话能有一个更深入的思考。2018年7—8月，也就是大一的暑假，我到云南蒙自西北上塘小学进行了为期21天的短期支教，跟我一起去那儿的还有来自重庆其他高校的12名大学生，我们一起在那里度过了美好的21天。有句话，不知道大家听说过没有，21天养成一个习惯。在那里的21天，我认识了一群可爱的孩子。

既然我提到支教话题了，大家可能会以为我要讲一些很感动的话题。不可否认，这是一个不可避免的话题，但我没想要跟大家强调那里的生活有多么的不容易，我只想跟大家分享属于他们的那些故事。这里有两张照片，是我当时记录在工作笔记本上面的，那个村子不是很大，村子里的姓氏一共就3个，所以他们的名字我记得不算清楚，当他们的座位固定以后，我就把他们每个人的名字，连着座位，一起写在了上面。支教的最后一天，我问了一下他们每个人的梦想是什么。大家有看过那种听者落泪的新闻吧：支教老师回到10年后的大山，他们教过的孩子竟然都实现了自己的梦想。我希望某一天我能回到那里，我的学生已经真正实现了自己的梦想。

大家可以看到，很多孩子的梦想是想成为一名医生，为什么呢？那里的医疗条件真的不是很好，举个例子：村里边狗身上的跳蚤不知啥时候跳到我的身上了，很快就起了很多红色疙瘩。我到卫生所拿药的时候，村医拿出的药物上面都落了一层灰，感觉给我吃的那个药都是要过期的那种临期产品，所以说，很多孩子想要成为医生可能是因为在他们的世界观里，如果自己是名医生的话，就可以用一个很低廉的价格拿到药，然后就可以回报家里人、回报村里，他们想要成为一个对社会有用的人。

女孩子们呢，想要成为歌唱家，想要成为舞蹈家，当我听见这样的梦想的时候，我相信你们也跟我一样，这样的梦想对她们来说，实在是太遥远了。因为这些梦想的背后需要大量金钱的投入，当我觉得他们的家庭很难支撑这样的梦想的时候，他们告诉我，他们就是很大声地说出自己的梦想，同时眼睛里还闪烁着一种希望的光芒。我没有办法去破坏这一份美好，我就跟他们说，你们所有人都要加油啊！从照片上可以看到，男孩子们想要去当兵、当警察、当狙击手，我就开玩笑说，当兵入伍，是要把衣服全部脱光检查自己身上有没有疤的。然后，有一个男生就坐不住了，他在上这堂课之前还在嘲笑我，起因是我的手割了一条口子，然后贴了一张创可贴。当我说当兵要检查疤痕的时候，他就直接站起来，然后浑身上下检查自己，最后直接走到讲台面前，指着自己脚上那个被镰刀连着凉鞋一起割破的伤口，问道："小林老师，你有祛疤的药吗？我这个疤，可以通过入伍检查吗？"当时我自己也慌了，没有办法对这个事做出一个明确的解释，于是我就安慰他说："我回去找一找。"这件事情之后，我意识到自己是一个很狭隘的人。因为在我的世界观里，或者在我20年的生活里，我一直觉得山里的孩子，最大的梦想就是想让自己变得很有钱，能够走出大山，然后让自己的生活变得很富足。但是他们用实际行动告诉我，我是一个目光狭隘的人。有个叫马当的同学，他跟我说，他想成为冒险家，今年我20岁了，我真的是第一次听见这个名字，在我的生活中从小就有人告诉大家，长大了要去当冒险家。然后，我就问他："你去非洲的话，就要进入非洲丛林，你会碰见毒蛇、鳄鱼，它们会要了你的命，你怕吗？"他说："我怕呀，但是，我还是想去。"他说，他想更加亲近这个大自然，他想更加深入地了解这个世界。我不知道是什么让他拥有这样的梦想，也不知道是什么给了他去实现自己梦想的勇气，但他告诉我有梦想就应该去闯。支教的我的授课内容是中国传统文化和趣味自然，走的时候，我就把那本《趣味自然》送给了他，然后他就开心地带回家去了。

接下来，我要分享新东方创始人余敏洪曾经说过的一句话"一个人要想实现自己的梦想，需要具备两个条件：勇气和行动。"短期支教在当今社会是一个很受争议的话题，有很大一部分人是抵制这个事情的。在去云南之前，我接受了一次支教培训，当时的培训老师说了一句话，他说："你们大学生不要把自己太当一回事，你们不要想着去到那里就可以改变谁的人生、改变谁的人生轨迹，或者说你们会成为一个多么伟大的人。"他说："你们不过是一群为他们的梦想插上翅膀的人，而真正对他们起作用的是当地学校的老师。"所以，我们这些支教大学生，特别是短期支教这样的活动，我们只是带给他们一个逐梦的勇气，我们会毫不保留地鼓励他们追逐自己的梦想，我们给予他们全部的勇气，而他们也会用我们给予的勇气去行动，去追逐他们的梦想。对于我们来说，只不过是做了一件有温度的事情。

　　接下来，我要讲的是在支教活动中认识的一个小妹妹的故事。为了不暴露小妹妹的个人信息，我就去百度了一张照片代替。小妹妹本来就是这样圆圆的、黑黑的，留个直刘海。为什么给大家讲她的故事呢？小妹妹的名字叫杨十妹，我第一次听见这个名字的时候，我以为是杨石妹，坚硬的名字，是农村的一种习惯，后来我看到她笔记本上自己写的名字是杨十妹。于是，我脑洞大开地以为她有9个哥哥姐姐，她都排到第10位了。在支教的第21天，我们在村里小学举行了一个汇报表演，每个年级都要表演一个节目，杨十妹作为高年级选手，被我们选中作为学生代表发言。我们所有志愿者都要审她的稿子，她的稿子写得非常好，她自己在台上边念边哭，我们志愿者在下面也是眼泪在眼眶里打转。当我的眼泪马上要掉下来的瞬间，一个朋友拍拍我的肩膀，他说："林治含，你知道吗？杨十妹是养女。"他指着旁边站着的一个叔叔，这是杨十妹的养父。那一瞬间，我才知道，杨十妹为什么叫杨十妹，"拾"是捡拾的"拾"。那一刻，我的眼泪是真的止不住了，我觉得这样的故事只会出现在小说或新闻中，当真正发生在我面前的时候，我被深深地震撼到了，我无法去真实感受这个故事背后的意义。这个叔叔有多不容易呢，我给大家讲一下，在之前与杨十妹聊天中，我知道她有两个哥哥，都在外地读大学。我当时就感叹，在这样的一个小山村里，一家人可以养出两位大学生，真的太牛了。我完全无法想象他们的父母到底付出了多大的努力，才能供养两位大学生，杨十妹也养得很好。她真的和这张照片里的女孩长得很像，圆圆的、大大的眼睛。他们家开了一个小卖部，就是那种基本上什么东西都没有的小卖部。每次下课，杨十妹和我们交流的时候，她都会从包里掏出一把糖，跟我说："小林老师，你要吃糖吗？"我很想吃，但是觉得不好意思吃。我经常会想，这个叔叔要承受多大的压力啊！而且这个叔叔身体有残疾，他的脚是跛的，在那样一个思想闭塞的小山村，他不仅要抚养自己的两个亲生儿子，还要肩负起抚养杨十妹的责任。他用实际行动给我上了一课，他是一个有温度的人。

　　下面，再给大家讲一次我参加的特殊支教活动，这次的支教对象是一群生理年龄在35岁左右，但心智年龄只有7～8岁的特殊人士。其中，有智力障碍患者，有自闭症患者，还有脑瘫患者。所以，与他们交流是一件比较困难的事情，你得把他们当小孩子一样对待。这两次支教活动，由于支教对象的不同，我发现了一个比较现实的问题，乡村留守儿童和特殊人士之间有一个很大的区别：乡村留守儿童可能因为害怕失去，所以他们不太愿意直接表达"我很喜欢这种事情"，他们擅长用眼神表达。他们总是远远地看着你，用眼神默默地注视着你，然后用笑容来表达爱你。但特殊人士不会这样，他们会直接走过来，拉住你的手，抱住你甚至亲你，直接对你说"我喜欢你，我爱你"，这就是两个群体之间最大的区别。这条朋友圈是我参加一次活动的时候，一家机构的老师转发给我的，发这条朋友圈的人同时也是我的一个学生。今年他应该有28岁了，当我看到这条朋友圈的时候，着实被感动到了，同时也觉得照片好像有点奇怪。感动的是，我作为一名支教教师，我的学生还专门为我发了一条夸我的朋友圈。

第二天，我便找到这名同学，问他："为什么在你的眼里我是一块泡泡糖？"他说："我喜欢你就像我喜欢泡泡糖一样。"当时听到这句话的时候，我觉得这简直就是100分的"土味"情话，真的"土"到我了。仔细一想，他们这个群体都使用最直接的表达方式，他们不会绕着圈和你说话，他们只会毫无保留地把自己内心的真正想法表现出来，他们有着这个世界上最纯粹的内心。

我的分享到这里就结束了，我也想用一句很"土"的话作为我的结束语：做任何事情，不要忘了自己当初为何出发，只有守住自己的初心才能遇见最美的风景、遇见最美的自己。同时，我也希望大家听了我的分享以后，去尝试做一个自己所理解的有温度的人。

2021年"实践遇见未来"讲演团代表

听从你心，行你所行

翻译学院　王妍妍

各位同学：

大家好！

非常感谢学生处的邀请，让我能有这样一个机会站到台上与大家分享我的实践经历。我是王妍妍，来自翻译学院，目前大四。

相信大家作为外语院校的学生，一听到"外交外事"四个字，脑海中呈现出来的一定有联合国、外交部等大型国际组织、国家部委这样的画面。但是，今天我要与大家分享的无关大国博弈、纵横捭阖，而是大家关注较少的地方——政府外事工作。

三年前，我和大家一样，带着迷茫，坐在台下听分享会。不知道现在大家心中有没有这样一个问题——"四年后，我会是什么样的？"作为一名大四学姐，我想告诉大家，三年后的各位将再次站在人生岔路口上做选择。我给大家列出了几种最常见的选项：有人会选择读MTI专业硕士，主攻口笔译实践；有人会选择读MA文学硕士，主攻学术研究；有人会选择成为一名英语老师；有人会选择做自由译员。对于一个本科毕业生来说，无论是升学还是就业，一切都取决于你如何选择。而在选择过程中，我们会听到非常多的建议，我也不例外。在老师和同学们的心目中，我应该去考外交部、去读高翻、去学口译，做同传；我的家人们觉得我应该去当老师、考公务员。毕竟作为一个山东人，我的宇宙尽头似乎是"编制"。大家觉得呢？

在这里，我先卖个关子，最后再与大家揭晓我的选择。

2020年夏天，新冠的阴霾终于散去。疯狂准备期末考试的我，突然收到了朋友转发的一篇微信公众号文章。打开一看，是共青团淄博市委发布的"大学生实习计划"招聘公告，居然有我心心念念想去一探究竟的淄博市人民政府外事办公室。毕竟，"百闻不如一见"，我想亲身体验一下，家人口中美好的公务员生活到底是不是真的。

在申请过程中，我就遇到了许多问题。一是报名时间短，材料要求多，期末考试的安排又满满当当。当时我一度觉得，不如放弃吧，以后还有机会，有时间再说。后来，我还是凭借执念，争分夺秒抢时间，终于交齐了所有材料。交完材料，进了QQ群，我的焦虑也随之而来。1个岗位，有十几个人申请。外办1个单位，总共5个实习名额，有50人竞争，不乏来自其他外国语大学甚至复旦、人大这样的选手。十几个人中选一个，会轮到我吗？那一刻，我仿佛看到了未来找工作的我，就业压力瞬间扑面而来，而我还只是一个大二学生。幸运的是，外办扩招5个实习生，我成功入选了。

现在复盘这个过程，我想与大家分享两点体会。"万事开头难"，此言不虚。我们常常把那些自己没有把握的事情想象得非常复杂、非常困难，导致我们在迈出第一步的时候十分犹豫、十分纠结。其实，只要我们开始着手这件事，我们就会发现那些都不难，交材料并没有浪费我多少时间，材料交上去了，我们就有可能得到这个实习机会。同样地，同辈压力和学业压力也会让我们陷入自我怀疑。但是更多的时候，与其否定自己，不如勇敢尝试。当时的我强迫自己调整了心态。我想，这是一个双向选择的过程，外办在选择我的时候，我也选择了外办。川外是一所非常优秀的外国语大学，入学两年来我还算学有所成，就算别人否定了我，我也还有其他的成长机会。我想，这也是将来我们面对就业时的一个比较正确的心态。

相信大家都看过湖南卫视的一档综艺节目《令人心动的offer》，大家一定十分羡慕这部综艺节目中优秀的各位主人公，以及他们深厚的友谊。在我拿到offer之后，也认识了许多优秀的小伙伴，并且和他们一同开启了一段为期一个月的实习公务员生活。

在这一个月里，我并非过着世人想象中的"朝九晚五"轻松日子。因为我家与外办不在一个区，相隔较远，所以我七点钟就要从家里出发"挤"公交车去单位。我想，"挤"这个动词，可以很好地体现本"实习社畜"的不易。如果遇上下雨天或者星期一，我还要走得更早些。一般在八点左右，我就可以到达单位。这时，我要打开手机钉钉，上班打卡。到了办公室，我会把电脑打开，烧上水，确认一下今天的工作，然后看书等待正式上班。之后则是工作时间。因为疫情的影响，许多涉外活动都被取消了，所以工作相对少了很多，但这并不影响有时候工作多到需要加班，并且因为有些材料涉密，加班只能留在单位，不能回家加班。虽然工作辛苦，但是民以食为天，单位餐厅每天提供的自助餐还是很棒的！下午忙完工作，我们在5:30准时下班。每天晚上，我会习惯性地写一写工作总结，复盘一下自己今天都做了什么，同时也要进行自我反思，希望第二天表现得更好。

下面，我给大家介绍一下这一个月我的日常工作。

我最主要的任务就是搭建对外交流合作信息平台。这个平台，相当于把所有的涉外资源都整合在一起，方便大家各取所需。这份工作很有意义，同时也最能体现公务员工作特点。我负责的板块是将山东省、淄博市友好城市和友好合作城市的相关信息，以及外语人才的信息录入系统。那段时间我几乎每天都盯着电脑，把档案里的信息一条一条地录进去，整个过程非常琐碎且机械。除了需要核对几个外国地名、人名之外，我几乎用不到任何专业知识。不过，这并非意味着这份工作丝毫无用。在录入过程中，我把档案翻了又翻，几乎记住了所有友好城市的中外文名称，以及它们所在的国家和地区。这些看似无用的内容，对于以后我的口译实践或许会有一些帮助。

此外，还有组织留学生感知家乡的活动。这个活动就像把学生会的日常搬到了工作中，为了策划这个活动，我们需要统计非常多的信息，以及与每个景点提前联系，方方面面、细枝末节都要考虑到，是一件比较考验工作认真程度的事情。

当然，我还承担了其他一些临时任务。其中，令我印象最深刻的就是那场山东省外办两位高翻举办的讲座。当时的我才刚刚接触口译，还十分向往口译员这份工作。但是通过两位高翻的分享，我发现，向往和胜任是两码事。我还需要付出更多的努力，才有可能达到他们的高度。

最后，我想与大家分享一下我的实习收获。

用现在最流行的废话文学来说，这次实习，让我收获了一段实习经历。这段实习经历也让我获得了一个参与外交部活动的机会。最重要的收获，是我认识了许多优秀的前辈。他们中有人在驻外使馆工作过，有人在国家部委工作过，有人获得过韩国荣誉市民的称号，但最终，他们都回到了自己的家乡。从他们那里，我学到了很多口译实战经验，了解了驻外使馆工作的日常，也让我再一次认真审视了自己的职业规划。实习期间，我与另外9位实习生小伙伴建立了深厚的友谊。我们互相分享各自学科和语言的知识，互相介绍实习和活动机会。其中一位实习生，还和我成了研究生同学。

今天和大家分享了这么多，我其实一直围绕着屏幕上的两句话在讲。即我们"要不要活在别人的期待里？"或者去追逐自己内心真实的价值渴望。大学前三年，我做过几次陪同翻译，做过兼职英语老师，也体验过外办工作。但最终促使我做出决定的，是一门叫作翻译概论的课程。当我看到周围同学为了这门课学得死去活来的时候，我发现自己乐在其中。在众多口笔译实践课程中，这门课给了我读大学博学审问、慎思明辨的感觉。升学与工作相较而言，升学在我心中更胜一筹。今年，我已经成功保送上海外国语大学，但我没有去读高翻，而是选择了英语学院读学术型研究生，追求自己的一点点理想。

各位学弟学妹，当你不知道自己要如何做选择的时候，请努力为自己创造尝试的机会。去亲身体验，去形成自己的感悟和价值判断。无论他人对你有何种期待，请一定听从你内心的选择。最后，我想以电影《无问西东》中的一句话作为今天分享会的结语。愿在座各位能够爱你所爱，行你所行；听从你心，无问西东。

拥抱爱情，经营爱情

新闻传播学院　孙逸潇

各位学弟学妹，大家好！很荣幸和大家见面，跟大家分享我的故事。今天，我想跟大家聊一些关于亲密关系的话题。通过这个话题，我希望能给大家带来一些思维上的转变以及人际交往方面的思考。首先做一下自我介绍。

我叫孙逸潇，来自新闻传播学院，是2018级的学姐，刚刚保研到南京大学新闻传播学院传播学专业。为了引入话题，首先我想跟大家分享大学必做的五件事，让你的大学生活变得更有意义。

复旦大学社会学系沈奕斐老师认为，在大学阶段，有五件事是必须要做的，分别是谈一场校园恋爱、选一门仅仅因为喜欢而想选的课、和喜欢的老师聊一次天、参加喜欢的社团组织和翻一整面书架的书。现在回想起来，我还是很有成就感的，因为我在本科三年期间，这五件事都做到了。我相信对于大多数同学来说，这些事儿都不困难，但是对于我们川外的同学来说，有一件事儿可能比较困难，那就是恋爱。所以，我决定拎出这件事儿，结合自己的经历，和大家聊一聊。在此之前，先跟大家介绍另一位主人公——小钟学长。

小钟学长现就读于华东理工大学，刚刚保研到复旦大学现代物理研究所硕博连读。我和小钟学长高中同班三年，相识六年，恋爱五年，异地三年，算是有比较丰富的恋爱心得了。很多同学会质疑，为什么说校园爱情是必要的？校园爱情真的那么重要吗？我的答案是：真的重要。

理由有两个。第一，从功利主义的角度来说，只有校园恋爱才足够纯粹和坦诚的。以后同学们走上工作岗位会发现，你身边的同龄人在一瞬间被打散了，你的周围很难找到和你年龄相仿的人，更别说思想和经历相似的人。学生时期，你可以对一个人的道德、学识、性格、三观等品格有充分的了解，进入社会以后，你可能只对这个人的家庭背景、工作收入等有所了解。你选择和他在一起，你们之间永远会有一堵无形的墙，分别区隔着各自过往的记忆。第二，爱是需要学习的，幸福也是需要练习的。只要你处理好了亲密关系，那么你再去处理其他任何关系，包括亲子关系、同事关系、室友关系等，都会更加得心应手。因为人与人之间的关系处理，本质上都是相通的，这些也是自我发展的重要组成部分。我相信，你们对此会有更加深刻的理解。

一、恋爱初期问题，你占了几条？

其实，恋爱这件事，很多人都栽在了第一步。恋爱前，我们往往会遇到各种各样的问题，大家不妨对号入座一下：不会和异性接触，感觉脱单无望，怎么办？跟身边的异性都处成了哥们，怎么办？找不到跟自己合适的那个Mr.Right，怎么办？我们一个一个来分析。

（一）不会和异性接触，感觉脱单无望，怎么办？

有些同学说，我跟同性朋友交往毫无障碍，但是一跟异性接触就手足无措，无话可说。我认为这一问题的关键在于，你是不是把性别观念放在了对人的判断的首要位置；换句话说，你是不是把性别当作识别一个人的首要指标。其实，一个人的性别，只是他个人属性中很小的一个分支。现代社会倡导性别平等观念的宗旨，就是一个人并不会因为他的性别而受到区别对待。正常的沟通、交流，即使不会建立亲密关系，也可以成为很好的朋友。所以，你应该把认知"异性朋友"中的"异性"二字去掉。如果你仍然无法正视对方，建议你反思一下，你是不是把所有异性都当作潜在对象了？

（二）跟身边的异性处成了哥们，怎么办？

也有同学经常会有这种困惑，他们身边不缺异性朋友，质量也不错，自己也喜欢，可是那些异性朋友都拿自己当哥们，怎么办？其实，喜欢一个人，本质上是对他产生了好奇，从而萌生探索欲。如果你总是一认识就掏心掏肺地对别人，把自己的好和盘托出，别人自然就失去探索的欲望了。所以我认为，要向周围人传递一种"我已经准备好被喜欢了"的信号，这种信号是在举手投足间产生的。你把自己的好分成很多份，今天向他展示自己的善良，明天向他展示自己的用功，后天向他展示自己思维敏捷，这样就容易引起别人对你产生好奇心。如果你对一个异性特别倾心，你甚至可以让他觉得，你对他跟对别人不一样，这些都是一些脱单的小技巧。

（三）找不到跟自己合适的那个Mr.Right，怎么办？

这个问题level比较高，因为你已经在考虑跟自己适不适配的问题了。在这里，我想纠正一下大家的思维，就是你的目标不应该是Mr.Right，而是把全部Mr.Wrong排除之后剩下的各种选择方案。没有人天生符合你的恋爱模式，一周打几次电话，哪些节日必须一起过，穿衣打扮必须是什么风格。如果你在意这些，不妨思考一下，你是找一个跟你合适的人，还是找一个满足你恋爱模式的工具人。你谈的对象是一个人，还是一个模式？只要三观匹配、追求一致，彼此真诚以待，有一个相对可以预期的未来，那么他就可以进入非Mr.Wrong列表。爱情是一个结果，而不是目标，恋爱双方只有经历过磨合、适配的过程才会产生真正的爱情。对方希望你爱上他并不是因为他能为你提供什么模式，而是因为他具有独特的"芬芳"。所以，我希望大家擦亮眼睛，用心发现他人的闪光点，学会对这个世界和他人充满好奇。

二、该怎样经营恋爱？

经营恋爱，我也有三个问题想跟大家聊聊。首先，难以跟对方交流，解决不了问题，怎么办？其次，跟对方指出了问题，可对方就是不改，怎么办？最后，在一起后，我没有变得更好，我们是不是不合适？

（一）难以跟对方交流，解决不了问题，怎么办？

如果你正在被这个问题困扰，我希望你仔细思考一下。这个问题是真的无法解决，还是因为你们的情侣关系，基于对方特殊的身份才无法解决。我想你是不是给问题套上了爱情的躯壳，从而让这个问题变得更棘手。除此以外，我希望大家跟任何人交往都要学会避免无效沟通。如果你真的想解决一个问题，不管他是谁，都要记住无效沟通的三个特征：一是人身攻击；二是质疑动机；三是过度发散。无效沟通不能解决任何问题，只会让问题升级。所以，要解决一个问题，始终要记得你要达到的目的是什么？你要解决的问题是什么？只有想通透了这些问题，你做任何事情都会变得更加有条理。

（二）跟对方指出了问题，可对方就是不改，怎么办？

这个问题，我相信很多同学想得到的答案是如何才能成功地改变对方。但是，我在这里要给大家泼一盆冷水，学弟学妹们，改变他人是成本最高的事情。我先说一下我的看法，如果一个问题发生了，我首先会考虑能不能用钱解决，俗话说，能用钱解决的问题就不是问题。如果解决一个问题的经济成本太大，那么我会考虑改变环境是否可行；如果环境也无法改变，我会考虑改变自己，看看从自己的角度能不能更好地解决这个问题。如果这件事跟我完全无关，就是对方的问题，那我才会考虑尽量说服对方改变，但也不是强迫。其实，任何时候，当你想改变他人时，你们之间就会产生隔阂，并且这个问题大概率还解决不了。例如，室友喜欢晚上敲键盘，你睡不着觉，那么你首先应该考虑买一副耳塞，我相信大部分同学都能接受一副耳塞的费用。或者，你可以考虑改变一下自己的作息时间，早点睡。很多时候，这种问题就解决了。

（三）在一起后，我没有变得更好，我们是不是不合适？

我觉得这个问题非常具有迷惑性。对于很多同学来说，谈恋爱影响学习，感觉特别焦虑。但是，我想说的是，你大概率给爱情赋予了过多的意义，觉得两个人在一起，对方一定要帮助你成长、帮助你发展、促进你学习，至少能够给你带来肉眼可见的红利，甚至你把个人发展也寄托在爱情身上。如果没有达到自己的预期，那必然是对方的错。如果你总是这样想，你就看不到对方的好，也看不到对方的付出和牺牲。

最后分手了，你也没能从这段感情中收获什么、学到什么。其实，爱情没有那么多意义。爱情是两个独立个体之间的连接，我们首先是独立的个体，对生活的方方面面都有足够的判断能力，然后才产生连接。好的爱情，是互相成就，是两个人一起把彼此的问题解决得更好，而不是单靠某一方解决问题。其实，我和小钟学长走到今天，都获得了不错的成绩，我觉得很大一部分原因就是我们都把个人发展摆在与对方同等重要的位置，互相扶持，互相成就，我觉得这样的感情状态才能真正看到长远的未来。

演讲的最后，我有一些题外话想嘱咐学弟学妹们。

第一，不要总是抱怨身边的人缺乏善意。其实人性的恶，很可能是我们激发出来的。有段日子玩Tape，有个学弟向我匿名提问，他说自己各方面都很优秀，在班里名列前茅，但是舍友在一起讨论班里的优秀同学，从来不会提到他，他问是舍友有问题还是他自己有问题？我给他的回复是"首先你可能要反思一下自己，平时是不是有意无意地流露出骄傲，以及通过各种方式建立起的防御系统，让对方也建立起了防御机制，你们彼此之间的壁垒越搭越高，最后导致了这样一种局面。"很多时候，人与人之间的关系越来越糟糕，就是因为大家都把彼此的恶激发出来了。所以，我给大家的建议是，在任何一种关系里，要想方设法地激发对方的善。

第二，不要总是抱怨我改变了自己，是不是亏了？当你这样想的时候，很可能你改变的方向本来就错了。改，首先要利于自己的成长。你通过自己的改变，让自己变得更好，让问题解决得更好，自然就会吸引身边的人加入进来。以前我闺蜜跟我吐槽，说她为室友改变了一些习惯，心里觉得很不平衡。我就问她，你觉得自己做一点改变更好，还是你们宿舍谁也不让谁，闹得鸡飞狗跳，最后大家都不得不搬出去住，谁也没法好好学习更好？常言道两害相较取其轻。当然，这段关系是你需要的，也是值得你去维护的，那你做出一些改变就不是"亏"而是"赚"。今天我站在这里，用我自己的恋爱和大学三年学习的经历告诉大家，处理关系并不可怕，而且处理关系也是需要学习的，而恋爱就是一种很好的方式。拥抱爱情，经营爱情。

最后，我衷心地希望学弟学妹们都能过好自己的大学生活，丰富自己的每一种经历，包括收获一段刻骨铭心的校园爱情。毕业的时候，你会很坦荡地离开川外，踏上人生的新征程。你会发现，川外并不会主动给你什么，但你却从川外收获满满。这是我给大家最衷心的祝福！

你当像鸟飞往你的山

中国语言文化学院　胡茂园

亲爱的学弟学妹们，大家好！我是来自中国语言文化学院2018级的胡茂园，胡是"既见君子，云胡不喜"的胡；茂是"挥斥方遒，风华正茂"的茂；园是"青青园中葵，朝露待日晞"的园。也许有的同学听到我的自我介绍会想：哇，这个学姐好牛啊！其实这段自我介绍源于2019年夏天，我去垫江县永安镇支教的灵感。当时给孩子们上第一堂课前要做自我介绍，我就想，我要怎么低调又不失内涵地表达，使他们能以最快的速度记住我。就像现在，我这么低调又不失内涵的表达，你们能不能记住我！

为了抓住我人生中第一次能站上三尺讲台的机会，我鼓起勇气递交了支教报名表，虽然直到现在我都不愿承认试讲的时候红着脸、紧张得发抖，还坚持在讲台上又唱又跳的那个人是我。好吧，其实我还唱破音了。经过面试、培训后，我带着行李坐上了行驶在山路十八弯、快把我颠吐的乡村客车。下车后，我发现这个小镇是真的岁月静好，老人坐在一起织毛衣聊天，小猫躺在屋檐下睡觉。更重要的是，外卖员好像都不到这个地方。

　　最开始的两天，我常常会默默地用指甲给手臂上被蚊子叮的大包掐出十字架，仰天长叹，怀疑人生，掰着手指头算这是第几天没吃上肉了，算着每天要上6个班、8节课的我要加班到多久才能备完课。但是我在那里渐渐找到了另一个自己——属于语文老师身份的自己。普通话不好，没关系，每天对着镜子练习发音；表达能力不好，没关系，反复备课，让每一个知识点都烂熟于心。在那里，我真的看见了孩子们那种纯粹求知的渴望和光芒，每天上学和放学时他们都高兴地跟我问好，会睁着圆圆的大眼睛认真地听我讲县城里的高中是什么样子，还会在课间邀请我一起玩"幼稚"的小游戏。

　　虽然只有短短的一个月，我庆幸的是，我没有辜负自己来时所秉持的初心与使命。我把幽默生动的多样课堂带给了他们，把他们从未接触过的知识与技能教给了他们。"海阔凭鱼跃，天高任鸟飞"，我希望将来有一天，他们能站在最闪亮的地方，活成自己曾经渴望的模样。离开前的最后一堂课，我组织了一场主题为"梦想"的演讲，所有的孩子都兴高采烈地讲述着自己的梦想。有的说将来要成为一名警察，抓住"坏蛋"，守护家园；有的说要当一名老师，将来可以像我一样给更多的人带去知识的光；有个孩子说要好好读书走出这里，去看看老师说的远方。我永远也无法忘记，离开的那天早晨，一个个小小的人啊，就站在那里眼睛亮亮地望着我，稚嫩的脸庞带着小心翼翼地问我："老师，你明年还到我们这里来吗？"那句"也许不会是这里了"却好像卡在我喉咙里的刺一样吐不出来。他们每一个都递给我一封手写信，他们说："老师，我舍不得你；老师，我喜欢你；老师，我会想你，等我长大了就去找你。"每一个歪歪扭扭的字都在重重地敲打着我的心。在那里，我度过了具有特殊意义的20岁生日，也遇到了敢于尝试挑战成长的自己，懂得了在脱离学校与家庭后如何独立生活的艰辛，也坚定了作为一名支教老师肩负的责任和担当。我在想，遇见他们，我何其有幸！他们更加坚定了我在志愿服务道路上不断前行的决心。

从靠近光、追随光，到成为光、散发光，我知道只有走出自己的舒适圈去尝试、去挑战，才会发现更多的可能。成为重庆北站"站小青"志愿者、"两江新区防疫青年突击队"志愿者、"三下乡"志愿服务队志愿者，每一个选择从来都不是偶然，它取决于我是否能够直面自己的内心，克服心中的恐惧。现在想来，记忆最深刻的不是护目镜上朦胧的水雾，也不是身着防护服的挥汗如雨；不是每天志愿服务后腰疼腿酸的感觉，也不是疫苗接种点志愿服务时喊得略微嘶哑的嗓音，而是无数个陌生人对我说的一声声"谢谢"、是教社区失独老人手势舞时他们开怀的笑声、是能够帮到他人时喜不自禁的愉悦。因为热爱，所以选择；因为选择，所以更加热爱。而今，我也有幸加入了学校第八届研究生支教团的队伍，期望自己能够用"一年不长的时间，做一件终生难忘的事"，能够把祖国和学校给予我的知识和教育带给更多的孩子。

讲到这里，也许你们会问，在完成这些志愿服务后我获得了什么？我告诉大家，是内心的成长，我的内心变得刚毅而强大，勇敢又坚定，每当我不敢或者害怕去涉猎新事物时，它就会跳出来说："不要因为害怕结束，就拒绝了所有的开始。"大学生活有无数的机会和挑战，你们的每一次尝试、每一次开始，都会铸就不一样的你们。

三年前的我和你们一样，坐在分享会最不起眼的角落；三年后的今天，我站上了这个舞台，与你们分享我的实践经历。从没想到，当初那个连最简单的PPT都不会做的我，在不断地挑战自我中不断收获，也可以连续三年获得奖学金，获评"优秀志愿者""三好学生""优秀学生干部"，竞选成为学生会主席，在各类比赛中越挫越勇直至拿下市级奖项。谁都想成为更好的自己，但是也要反思一下，你是否为之付出了努力？曾经的我因为失败也在深夜痛哭过，可我仍然感谢当初那个鼓起勇气，努力站上讲台的我。因为我从未停止过一路向前，所以找到了自己的方向。

我把今天演讲的主题命名为："你当像鸟飞往你的山"。刚进入大学校园的你们，就像飞出高考这座大山的鸟，未来去哪里，要做什么，也许还没有什么方向，但我相信"越努力，越幸运"，一步接着一步，只要你们是脚踏实地地在向前走，都会找到自己的理想，也会有横冲直撞的勇气和面对山高水长的信心，就像鲁迅先生写给新青年的话："愿中国青年都摆脱冷气，只是向上走……。能做事的做事，能发声的发声。有一分热，发一分光热。就令萤火一般，也可以在黑暗里发一点光，不必等候炬火。"希望你们真正知道自己想要成为什么样的人，也期待你们都能在川外书写属于你们崭新的故事，不虚度每一寸光阴，不辜负每一个期望，去挑战，去突破，去蜕变，去遇见最好的自己。

追风赶月莫停留，平芜尽处是春山。你当像鸟飞往你的山！

明确目标，不留遗憾
英语学院　万腾龙

各位老师，各位同学，大家下午好，我是来自英语学院的大四学生万腾龙，非常荣幸能够参加这次"实践遇见未来"的主题活动。

前面的几位学长学姐都做了十分精彩的演讲，相比于他们，我的生活可就无趣多了。我没有出国的经历，也没有参加过特别大型的活动，所以没办法和大家分享特别有意思的事情。今天，我就以一名普通的男大学生或女大学生身份，和大家分享一下，我们这群人也是可以过好自己大学生活的。

今天，我想强调的是明确目标，尽量不给自己留太多遗憾。

相信大家在高中的时候经常会想一个问题，那就是毕业之后我会去哪里？比如上哪个大学？考一本还是二本等。其实，思考这个问题就意味着你在给自己确定一个宏观的目标。同样，进入大学以后，我们也需要思考四年之后我们应该去往何方。

和大家一样，我刚进入大学时也很迷茫，不知道自己要做些什么。但是，没关系，确立宏观目标最重要的一点是目标清晰，但不需要很快作决定。你可以给自己一个学年甚至两个学年的时间去尝试和探索不同的事情。比如，我当时就加入了学生会、担任班干部、找了两份兼职，当然专业学习方面也没有太放松。最终在第三学期确定了自己的宏观目标，就是想要争取学院的推免保研资格。

其实，确立宏观目标的一个最大好处就是它能让你忙起来，并且是有意义的"忙"。不同的目标对应不同的道路。比如，想出国的同学需要特别优异的成绩，想要找工作的同学则需要丰富的实习经历。有的同学没有特别明显的目标，从大一忙到大四，他是每个方面都涉猎了一点儿，最后成绩也不错，实习也有一些，但是相比一直朝着某个目标前进的同学来说，他的比较优势就没有特别明显，浪费了很多光阴。还有一点，明确目标可以让你有比较充裕的时间去准备相对有意向性的事情。比如，某人想要当老师，但是教师资格证没考下来，这就很惨了。又如，有的同学最近看到政府机关有个岗位在招聘，他很想去，但是要求有驾驶证。但是这位同学忙着考教资、忙着刷四六级的分数，最后也错失了机会。当你心中有了明确的方向，很多时候你就会不自觉地给自己一定的心理暗示，也会变得更自律。从大二开始，我就特别关注有关专业竞赛和提升成绩的事情，所以也推掉了手头上一些兼职和其他无关紧要的工作。毕竟很少见可以同时做到学习成绩名列前茅、实习经历又多又好、科研竞赛收获满满、学生活动又风生水起的"牛人"。

这是我当时代表川外参加外研社阅读比赛省赛时的情况。这是我们专业比较重要的比赛之一，和大家想的不一样，事前我并没有付出特别多的心血和精力来准备。先是辅导员在群里发了比赛通知，然后我们专业几百人差不多都参加了，最后选了两个人去参加省赛，结果省赛拿到了一等奖。这算是一个惊喜，相当于打败了很多学长学姐拿到了一个晋级的名额。但也不能叫机缘巧合，就是当你心中有一个明确的目标时，你会更专注、更心无旁骛，那么很多事情都是水到渠成的。

刚刚说的是明确一个大目标，其实，在大学生活的不同阶段，我们也需要给自己确立一个个明确而清晰的小目标。

明确而具体的小目标可以让你的学习、生活有所侧重、有所准备，能够让你既不会贪多也不会轻敌，在这里举两个我的反例。

我在参加武汉大学保研复试时，由于复试准备不充分，所以表现就特别糟糕。当时武大只有面试，而我那个星期非常疲惫，因为保研复试那一周真的很痛苦，面了很多学校，所以当时的状态就有点放松，武大老师问了好几个简单的问题，而我因为准备不充分都没有回答得很好。虽然最后还是拿到了武大的offer，但个人觉得当时的心态还是有点崩。还有一个反例，就是上学期考专四。因为疫情我们专四延后了一年考，刚好和CATTI考试时间撞了，CATTI考试是国内最权威的翻译考试。其实我知道二者考试时间撞了，但是迷之自信。最后上午考完专四，马上坐车到几十公里以外的地方考CATTI；第二天又考一笔。可想而知，最后的结果相当惨烈，CATTI没过，专四成绩也不理想。最后，想和大家分享的是我在本科阶段的一些遗憾。

1.没有做好职业规划。虽然我明年就要读研了，但是我还是不太清楚自己未来到底想要从事哪方面的职业、哪方面的工作，这个确实是我十分不足的地方。

2.没有特别靠拢新兴产业或者朝阳产业。我们大家都是平凡人，都希望自己毕业之后能够有比较好的收入，在座的各位包括我自己都是语言类专业或者传统文科类专业，如果我们想要赚钱的话还是要更多地靠拢朝阳产业像计算机、互联网、电子竞技，等等。

以上就是我想分享的内容，谢谢大家！

人生不设限，海阔天空

西方语言文化学院　刘炀均

大家好，我是2018级西班牙语专业的刘炀均。

四年前，我和在座的诸位一样，懵懵懂懂，对未来一无所知，对一切事物都感到好奇。比如，川外怎么这么大呀，我怎么老是迷路？当然这样的烦恼只持续了几天。为什么教学楼有几层没有男厕所？考虑到川外的男女比例后我就释然了。我还暗下决心，要延续高中那种埋头苦读、两耳不闻窗外事的精神，绝不会荒废每一寸光阴。众所周知，大一新生是各大社团和学生会争抢的对象，当我看到各种社团的纳新信息时，开始动摇了。课程也是铺天盖地而来，把我压得无法喘息，有时候中午12:30都会有课。我想：怎么大学比高中还苦啊！以至于每天上完课后，我只想做一件事——上床睡觉。

如果我就这样度过我的大一生活，那么今天我就不会站在这里给大家做分享了。我在轻松和困难两种模式中选择了困难。今天，我想用一句话来概括我的大学生活，也就是本次分享的主题"人生不设限，海阔天空"。

人生不设限，就是不要给自己设定任何的限制。比如，你是某个专业的学生，千万不要把自己局限在这个专业里面，要尽可能地跳出这个"信息茧房"，才能看到更宽广的世界，看到更广阔的未来。电影《一代宗师》里面有句话我特别喜欢，"学武之人有三个境界：见天地，见众生，见自己。"我觉得人生亦是如此，你得先知道世界广阔、学海无涯，见各国文化与风土人情、人生百态，才能更好地了解自己、爱自己。所以，千万不要在人生刚刚起步的时候给自己设立太多条条框框。比如，我的专业是西班牙语，如果我只了解西语文化，将其他的例如传媒、心理学、逻辑等学科统统抛之脑后，不花心思去关注、学习。那么四年下来，整个人会变得很狭隘，不仅是学识的狭隘，也是见识、心智的狭隘。

所以，不要给自己设限，趁着年轻，多去体验未曾体验过的生活，丰富自己的生命体验，你会发现，生活原来是非常有趣的。

这几年，我打破了自己曾经设下的很多限制，实现了很多个人生中的"第一次"。

第一次排练话剧，并担任了男主演；第一次组织策划了元旦晚会；第一次在元旦晚会上跳了西班牙国粹flamenco和各种舞蹈；第一次和朋友规划了跨国旅行；第一次参加大型志愿活动；第一次去互联网大厂实习；第一次独立翻译西语诗歌，并发布到我们学校的微信公众号……

当然，第一次也是有代价的。每一次打破加诸于己身的条条框框和限制，你都会遭遇到未曾预料过的突发事件。

在排练话剧时，因为总是表现不出人物的性格变化，我一个人在后山死抠台词、揣摩如何演绎；排练元旦晚会时，因为没借到活动室彩排，我们只能临时去培英楼放映厅模拟全程，把讲台当舞台，场下的工作人员摩肩接踵，根本施展不开；跨国旅行时，因为规划不到位，以致我和同学在吉隆坡机场冰冷的地板上睡了整整三个晚上。

以前我一直是寸头，可我想试试长发。结果就是，大二那一整年，我被各种公共领域的工作人员叫了上百次"美女"。每次坐出租车，司机第一句话就是："嘿，美女，切哪里？（模仿重庆口音）"当我一开口，司机就陷入了沉默，一路上他也没再说话，我们中间虽然只隔了手刹，却像隔了整条银河；有一次坐公交车，一个小弟弟扯我裤子，他妈妈一把把他拉走，说："哎呀，你是不是'爪爪儿痒'得很，莫切烦别个阿姨！"我当时头都不敢回，就怕转过去一起尴尬。但是，害怕意外或突发情况不是你继续停留在舒适圈的理由，因为你将得到的是人生宝贵的财富。我没有因为自己以前未曾接触过的领域，因为害怕未知，就直接否定说"我做不到、我不可以、我不适合"，而是勇敢地迈出了第一步。很多时候，你只要尝试了就会发现，这件事没有你想象的那么难。当你以自己是个学生，要好好学习为由拒绝参加一些活动的时候，你就已经给自己设立了限制。当你以自己四肢僵硬、五音不全为由拒绝参加一些文艺表演的时候，你也给自己设定了界限。很少有人天生就能歌善舞，大家都是靠日积月累的练习才越来越擅长做某件事。你不能只看见别人努力的结果，而转头就扼杀掉自己接触这个崭新领域的希望。

我们的人生由我们自己决定。你意识层面上不给自己设定界限，斩断思想上的枷锁，勇敢地尝试那些未知的事物，你会发现自己能做的事很多很多。以前的你或许有种种理由不去做这些事，但大一的你们，风华正茂，身强体壮，心灵自由，正是体味生活、丰富自己生命体验的大好时机。不要想太多，勇敢地尝试，你会发现，你能做到的远比你想象的更多。

我很喜欢一句话，想要送给在座的大家，"那一天我21岁，在我一生的黄金时代，我有好多奢望。我想爱、想吃，还想在一瞬间变成天上半明半暗的云。"最后，祝大家在未来几年里斩断思想上的枷锁，蜕茧成蝶，活成自己想要的样子！

寻找蝴蝶翅膀扇动的风

商务英语学院　王欣然

大家好，我是来自商务英语学院2018级的王欣然，目前已保研至复旦大学外国语言文学学院口译专业。今天给大家分享的主题是"寻找蝴蝶翅膀扇动的风"。

大家都知道"蝴蝶效应"吧。这个术语常用来比喻一个不起眼的小动作可能引起一连串的巨大反应。对这个效应最常见的释义就是"一只南美洲亚马孙河流域热带雨林中的蝴蝶，偶尔扇动几下翅膀，可以在两周以后引起美国得克萨斯州的一场龙卷风"。今天，给大家讲的这个小故事就和我亲身经历的一个"蝴蝶效应"有关。

大一下学期的时候，有一个2017级的学长找到我。他们当时正在准备我们学院的商务英语实践大赛，因为听说我英语口语比较好，所以希望我能给他们的队员辅导一下语音，让他们的英文报告更出彩。比赛那天我去了现场，其中一位评委是来自澳大利亚的一个老爷子，叫Chris，当时他是我的口语老师，现在已经不在川外了。比赛结束后，我在回学校的路上遇到了他，打完招呼后我就和他聊起了对这个比赛的看法。在聊天的过程中，有一个年轻的外教路过碰见我们，

Chris就和他打了招呼，说："哎，之前都没见过你啊，你新来的吧？咱们认识认识。"于是，我们知道了他叫Jan，来自波兰，刚来川外不久，要担任重庆非通用语学院波兰语专业的老师。我没有把这次相遇放在心上。但在若干天之后，我在地铁站又遇到了这位波兰语老师，他当时正和另外一个美国外教Rolf在一起。我们打了招呼，寒暄了一阵，Rolf还请我们吃了水饺。交流之后，他知道我是商英的，就夸了我说很少见到口语质量这么高的学生。当然了，大家都知道，老外夸人是很夸张的。他告诉我，他也是商英的老师，正在教电子商务这门课，并邀请我去旁听。于是，我就答应了，那个学期去蹭了好几节课，还学到了一些很有意思的东西。后来，我和Jan成了好朋友。一段时间之后，他的生日到了，就邀请我参加他的生日派对。在那里，机缘巧合之下，我认识了我现在的导师——Robin麦芬兰女士。之后，我们一起喝了几次酒，聊了几次天，建立了友谊。Jan曾经在Robin组织的太阳广场英语角担任常驻嘉宾，平时大家如果喜欢参加英语角的话应该知道这个，前段时间表白墙上还发过一个由英语角引发的爱情故事，不知道大家有没有看过。但是，Jan去年去了上海。因为疫情学校很缺外教，英语角常驻嘉宾就出现了空缺。这时Jan就向Robin举荐我代替他的职位。说实话，如果Robin不认识我，没有和我交流过，大概率她是不会接受这个举荐的，因为：（1）常驻嘉宾从来没有过中国人；（2）常驻嘉宾从来没有过学生；（3）Robin的用人标准很苛刻，她要英语好、交流能力强、有责任心，还能带动其他人开口说英语的人。

幸运的是，我得到了这份工作，并且一直在英语角干了下去，从去年九月到现在已经有一年多了。在那里，我不仅锻炼了英语口语和交际能力，还认识了从各个国家来的朋友，有加拿大的、菲律宾的、土耳其的、德国的、美国的等。他们让我明白，世界是多么的多元，人生也有很多的可能性。英语角很多参与者都是各大高校的访问学者，他们的学历和阅历都远高于我，和他们的交流也让我对世界的理解变得更加深刻。除此以外，我还拿着川外国际大厦每个月发给我的工资，这或许也是我专业能力变现的一个开端吧。我觉得这可能是我这辈子打得最快乐的工了。

这份工作可能并不像一些大厂的职位那样闪闪发光，但是它对我来说却是非常重要的。不论是工作的过程，或是收获，或是和同事的交往，都让我很开心、很有满足感。在今年申请推免夏令营的时候，Robin还给我写了一封情真意切的推荐信，不是那种从模板上复制、粘贴的，而是真正从与我共事的经历出发，对我的真实评价。我觉得这份工作经历确确实实让筛选简历的老师们看到了我的跨文化交际能力和语言能力，对我的保研之路肯定也有不少帮助。

回溯这个故事的开始，好像我只是随口答应了一个学长帮忙的请求？当初如果我懒一点、不自信一点，就会回绝这个请求，那么后来的一切都不会发生。我不会偶遇Chris，然后认识新朋友Jan，也不会在他的生日派对上认识我现在的导师，那么在英语角的工作更无从谈起。我的大学生活就会缺失很宝贵的一部分。所以，在生活中，再小的积累都可能成为未来触发新剧情的钥匙。或许，我曾经的每一次口语练习、每一次课堂展示、关注过的每一条新闻、看过的每一本书，都化身成为我人际交往链条上的助推力，成为可以被别人欣赏的理由。因此，请不要忽视任何一个小小的当下，认真待人，积极尝试，总有一天你会得到应有的回报。

　　我在2021级学弟学妹们的开学典礼上曾提到，要不要为了想多睡一会儿而逃掉这次的早八课？要不要在这次小组报告中主动承担责任？要不要为了贪玩而熬夜追剧打游戏？请记住，我们做出的每一个细微决定都会像蝴蝶翅膀扇动的风，细微但却最终在你的人生中掀起巨浪。或许当你垂垂老矣，回望人生的那一刻会幡然醒悟。但是我们在做出这个决定时，却毫无察觉，以为这只是人生中普通的一天。因此，我想对大家说，大学四年，不要让自己过得很闭塞，要走出舒适圈，和更多的人交流、和更多的思想碰撞，触发更多的激情。或许你将在正确的时间做出正确的决定，而这个决定会成为那个"蝴蝶翅膀扇动的风"，成为一个美好故事的序章，让你的生活变得更加有厚度！

从你的专业起飞

法语学院　　连志磊

　　在开始我的分享之前，我想先问大家一个问题：大学专业重要吗？很重要，但也没有那么重要。

　　很重要，原因在于，它是我们未来简历的第一个标签。无论喜不喜欢，都是我们成年之后的第一个烙印。

　　没有那么重要，原因在于，也许你的未来会有新的机会和发展，你会接触到更多样的领域，将来可能并不会凭借现在的专业就业。

　　但是，我想强调的是，无论你将来会在哪个领域发光发热，我都希望你能从你的专业起飞。因为每一个专业都会带来不同的机遇，语言专业尤其如此。

大学四年，一门语言能给大家提供的成长机会远远超出我们的想象。在这里，我想跟大家分享一些我的故事。

大一刚进来的时候，我的目标特别"简单"，就是想把法语学好。但是，想要学好一门语言，并不是说一说、想一想就能达成的目标的。大一上学期实践周的时候，我们系里举办了一些法语专业比赛，其实就是一些简单的、基础性的小测验。比如，朗读比赛、书法比赛等。我很认真地准备，结果却是空手而归。失落肯定是有的，但总是怀疑自己也不能解决什么问题。于是，上课的时候我就有意识地聆听其他同学的发言，发现他们的语音、语调确实比自己"正宗"很多。那个寒假，我每天都会给当时的一位任课老师——我们法语学院的副院长，发两段音频，每次她都很耐心地给我反馈纠正，直到现在我都很感谢这位老师。寒假之后，我悄然发现，"欸"，好像自己的发音和表达更加自然了。

真正开始用法语参加一些校外活动，是在大二下学期。当时由于疫情的原因，大家都在家里待着、上网课。当时课业也不是很重，只是觉得待在家里很无聊。一个偶然的机会我看到了一篇微信推文，联合国线上志愿者招募法译汉笔译志愿者，帮助一家法国非政府组织完善中文网站。当时的我作为一个法语小白，简历基本为空白，我也知道成功率特别特别低，只是当时太无聊了，我就写了我人生中的第一份法语简历，接着又写了一封动机信，填了一堆注册信息，提交了申请，然后我就等啊等。两周之后，没有任何回复，我知道凉凉了，但是我不肯就这样放弃，毕竟写那封动机信真的花了挺多时间和精力的。我在网站的边角处找到了对方的电子邮箱，我把自己的简历和动机信作为附件，在正文里面又重申了想要得到这次机会的原因。结果不到半小时，邮箱就收到了一封回信，信上说，他们收到的申请真的太多了，很多申请人的材料甚至看都没看。还说我是第一个直接给他们发邮件的志愿者。就这样，我做了六个月的翻译志愿者，完成了很多法译汉笔译。

后来，又看到一位前辈写的文章，提到北大暑校。于是，那年暑假我又提交了申请，到北大学了两周多的媒体与国际关系方面的课程，觉得挺有意思的，也许以后跨专业申请国际问题研究方面的研究生也是一个不错的选择。再然后，我又申请了巴黎政治大学人权与全球发展冬季学校。在参加完这次冬季项目之后，我并不想在国际关系领域走得更远，但是对我来说，这次经历也是难得的机遇，我见识了来自全世界顶级政治学院的教授是怎样讲课的，看到了来自五湖四海的学生不同的思辨交锋。我觉得大家完全可以在大学前三年多多尝试新的领域，探寻更多的可能性，对未来的决定和发展都是很有参考意义的。

今年年初，我申请了一家500强企业的暑期实习。全职实习了一个多月之后，我最大的收获就是知道了现在的就业市场到底需要什么样的能力。很多时候，我们需要迈出校园、离开课本，投入真正的职场，在实打实的工作过程中，真正体会什么才是最重要的。我做实习总结报告的时候，在PPT上展示了三个词：犯错成本、自驱力和成长型思维。

实习结束之后，我回到学校开始准备国外商学院的入学考试。其间，遇到保研的机会，但是我放弃了。在经历了这么多事情之后，我觉得应该做出最适合自己的选择，走自己最想走的路。

法语对于我而言，是大学前三年的最重要记号。因为学习了法语，我申请到了联合国翻译志愿者、去政府外事办给阿尔及利亚驻华大使馆文化参赞做陪同口译、和朋友们一起参加全国配音比赛，在这些经历中锻炼得到的能力和自信，又成为我未来争取更好机遇和发展的底气。

在大学生活的前半期，可以说我所有的自信都来源于法语，在大学生活过半之后，我意识到除了法语，我还可以做其他很多事情。在500强企业实习并没有用到法语，但我仍然能以实习生答辩第一名的成绩获得转正机会。未来，我准备在商业领域继续学习。当然，商学院全英文教学也是和法语本身分道扬镳的。

说到这里，大家可能会想到一个问题：既然一个人最后的发展可能与学的专业并无太大的关系，那为什么还要学好自己的专业呢？

答案就是，你在专业上付出的努力，是你的资本和底气，能为你争取到更宝贵的机遇，去探索更广阔的世界。问题是，当机遇来临的时候，你是否已经做好了充足的准备？

心怀信仰，走在自己的时区

国际关系学院　徐乐

很荣幸回到川外，见到各位同学们，和大家分享我的经历与体会。

今天，我的分享主要分为三个部分：选择与梦想、探索与尝试、情怀与未来。

首先，我想说的是"选择是梦想的开始"。大学期间的每一步选择都至关重要，多听听身边师长朋友的建议，跟随自己的内心做出选择。我在大学期间做了两个重要选择：MA&国组班。

曾经的我，除了粗浅地觉得"国际组织"名字高大上之外，其他一概不知。依托于国组班的强大交流资源和广阔的平台，我作为川外代表前往北京参加了JobFair。在这次交流对话中，我开始对国际组织有了真正的了解。2019年暑假，我前往韩国参加亚太青年交流计划，和来自亚太地区不同国家的青年进行了深度交流，对当地移民女性的权利进行了实地研究，并向政府提供了政策发展建议。我永远记得在大邱的那些晚上，来自不同国家的年轻人坐在草地上，热烈地讨论怎样才能让每个孩子获得清洁的水、每位女性获得受教育的权利。我开始意识到，我们青年真的有责任、有能力去为这个世界做点什么。至此，在我的心里埋下了在国际组织工作的种子。

对于选择，我想补充的是，有人曾问我："会不会对曾经的选择一直后悔或者遗憾"？我的回答是："会遗憾，但不会后悔。"因为有无数的对比，所以没有完美的选择。如果不安于现状，请立即行动起来，去改变它。也请相信，一切都是最好的安排。

回到正题，怀揣着这样的热情与期待，我开始不断地尝试与探索。

从零开始的实习小白到联合国教科文组织与国内顶尖智库实习生，我大概做了9份实习，包括国际组织、智库、咨询公司、NGO、学生组织的实习，涉及国际关系、能源环境、公共卫生、国际传播、可持续发展经济等领域。很多人和我探讨"迷茫怎么办"，其实，我觉得迷茫是常态，不知道方向不要紧，干就完了。且行且寻找，在路上认识真正的自己。

这一路上，我收获了很多，实现了很多个人生的"第一次"。在海图国智研究院，第一次撰写了访问量突破3000的访谈；在UCBRC，第一次担任首刊编辑；在Diinsider，第一次参加国家卫健委研究课题……

每一份实习都像齿轮，没有一份实习是无用功，你的所见所闻、所学所感都将有所回报。

佛经里有一句话："福不唐捐。"唐捐就是白白地丢了，我们也应该说："功不唐捐！"没有任何努力是会白白丢掉的。在我们看不见、想不到的时候，在我们看不见、想不到的方向，你瞧！你曾种下的种子早已生根发芽、开花结果了！你不信吗？

最后我想聊聊情怀与未来。

当前，中国面临着复杂的国际局势，正处于百年未有之大变局，培养国际组织人才正是对接国家战略需要、响应时代号召。加入国组班，成为国际组织后备军，讲好中国故事，传递中国声音。

并不是说非要加入国际组织才是为国家作贡献，在自己平凡的工作岗位上作出为国、为民有益的事，同样是为国家作贡献。

我们要有远大的抱负和以天下为己任的胸怀，要有家国情怀，要有为国效力的决心。与在座诸君共勉！

最后，希望我们都能心怀信仰，走在自己的时区，成就更好的自己！

迷茫中找寻自我

俄语学院　林晨欣

首先有两个问题：

1.从进入大学到目前为止，你曾为自己未来的发展迷茫或者焦虑过吗？

2.进入大学后，你参加了学生会、校级组织或者社团吗？

今天，我站在这里，并不想像一个老师那样苦口婆心地说我三年来得到的经验，我只想假装现场有一台时光机，带大家看看我这三年来经历过的那些"迷茫"。

Round1：未来抉择

刚进大学时，我与在座的你们一样，经过一个月大学生活的摧残，终于摘掉对"大学"这个词的滤镜。那个时候，我从老师、学长学姐及其他信息渠道接收了很多有关未来发展的信息，比如公派出国、保研、外交部遴选等很多渠道。当时我觉得，就像高考一样，考到多少分就能去到想去的学校。我应该先有一个目标，然后向这个方向铆足劲，就一定能去到我想去的地方。我相信，在座的同学中一定有人也是抱着这种想法的。如果是你们，面对这三条前景光明的路，你们会怎么选？

有的人可能会想保研、考研吧，毕竟知乎上那么多人说学小语种、学俄语的女生没出路；有的人可能会想争取公派吧，有外国留学经历的找工作应该相对容易吧；还有的人可能会想，小孩子才做选择，我全都要。

就在我绞尽脑汁、夜不能寐、自以为做着人生选择题的时候，我发现我对它们的了解太少了。面对这三个看着都很好的词语，我选择了先放下，因为我发现自己根本没有做选择的筹码。于是，我开始主攻专业课，打好语言基础，并且加入了院学生会，因为我不想放弃校园实践的经历。凭着兴趣，我参加了一些比赛，也听了很多关于保研、遴选的讲座和经验分享会。我一直很推崇乔布斯说的一句话："我跟着我的直觉和好奇心走，遇到的很多东西，此后被证明是无价之宝"。我们所做的每一件事情都会成为我们身上的点，这些点在未来的某一天就会连成线，它需要一点机缘，但没有什么东西是可以浪费的。

Round2：自我定位

两年前的我希望自己能够以最小的试错成本进行尽可能多的尝试，于是我广泛地参加各种活动，实践周配音、学习共同体、学业规划大赛、求职大赛，当选我们学院学生会的编辑部部长，活跃在学院的大小活动里。为了保证学习成绩不被落下，我只能努力提升自己的工作效率，压缩睡眠时间。为了防止别人发现自己脱发，我一个学期换了八个发色，最后不得不因发质太差而剪了短发。当然，除收获了大把五颜六色的头发外，我也获得了当时综测第一、一等奖学金、"三好学生"称号等还算不错的成绩。大家可能觉得我在这一年里过得很充实，是人生赢家，但是在被这些奖状、证书填满的同时，我却常常在自信与自卑之间反复横跳。也许这些实践经历从某些方面证明了我自己，但也让我认识了更多、更优秀的人。有的学长学姐工作能力很强、学习成绩又好，成功保研北外、上外；有的同学虽然不怎么参加活动，但是每次都是专业第一，顺利拿到公派出国的名额；而我就像这个优秀人群中什么都会一点，但又什么都不太突出的"半桶水"。我一直在探索却总是没有突破。那段时间我陷入了深深的自我怀疑，我不知道自己还有没有出路，有没有一个好的未来。

这样的迷茫一直持续到现在才有了一些眉目。近几个月来，我陆续收到了多条"喜讯"，比如，成为第一批预备党员、俄语专四拿到了优秀、通过了某部委的遴选。当我回过头来复盘这三年来走过的每一步时，我发现，不是我的梦想推着我一步一步往前走，而是我做的每一个选择让我成了现在的自己。换一种更形象的说法，就是这三年我一直在走一个巨大的迷宫，很多时候我选择了某一条路，仅仅是因为喜欢，觉得自己更适合做这件事情。哪怕这件事并不能立刻带给我物质上的、功利性的收获，但那又怎样呢？

我才20岁，我能接受自己是一个对未来迷茫但敢于试错的人。如果不多方面探索，我们如何才能确信现在所接触的、有限的生活，就是值得我们用一生去追求的呢？这个世界上既然有早就设置好了赛道、朝着一个目标奔跑的人，也就有和我们一样，生于黑暗，必须靠自己手中的微光不断地摸索，才能一点一点前进的人。

今天你们来到分享会的现场，也许就像大一时的我一样，我们迫切地想要寻找一个通往成功的模板，寻找一条走上人生巅峰的捷径。就像挑选商品一样，挑选台上哪一个做分享的学长学姐更对你们的胃口，更符合你们对未来的设想，想着要不就按他们的路走吧，说不定我也能达到和他们一样的高度。但是，我们都知道个人的成功无法复制，我们的"模板"套在你们身上也许并不适用。我们都只是黑暗中的赶路人，被别人的余光照亮，也给自己点燃了一支蜡烛。其实，我们并不想看到在我们的身后有一大群人在追逐那一点微光，我们更希望在这种薪火相传的过程中有更多的人能看到别人蜡烛的余光，并点亮自己的蜡烛。如果我今天的分享能稍稍照亮到你们，带给你们一些启发，我很荣幸。

谢谢大家！

热爱可抵岁月漫长

新闻传播学院　刘一冰

各位好，我是新闻传播学院2019级6班的刘一冰，很荣幸今天能够在这里跟大家做一个分享。

今天想跟大家分享的主要内容是我在大一、大二两年时间中实践学习的一些故事。

选择这个专业是因为我一直都对影视很感兴趣，想要进入影视行业，并且想在这条路上一直走下去。但是，进入大学校园后，却不清楚自己真的想做什么，也曾迷茫过、怀疑过，不知该做什么，总是担心自己的选择而错过更多的机会。后来，看到学长学姐们招新后，决定做一次选择，于是加入了川外电视台和摄影工作室。

一则想接触一下这一领域的学长学姐，试着跟上他们的步子，去了解一个大概模式；二则也想尝试一下以前从没接触过的领域，毕竟掌握一门技术或者手艺总是多多益善的，所谓"技多不压身"嘛。经过这两个部门的学习之后，我发现自己愈发喜欢这个行业，但是自己更想做的不是技术岗位，而是策划和执行，尝试担任导演拍摄广告，并在大一下学期跟着2018级的学长学姐拍摄了2020年的毕业MV。

经过这些历练之后，我意识到我想通过拍摄将自己的真实想法表达出来，想成为一个剧组中提供想法和把控方向的那个人。一个学姐告诉我，大二是要做出成绩的一年。于是，大二刚开学，我就加入了学校戏剧社和电影展。前者的经历非常突然和奇妙，面试通过后的第一次编导会议，社长就把毕业大戏《长恨歌》交给我，当时的心态完全是一个受宠若惊啊，同时我也暗下决心，一定要把这个项目做好。所以，从2020年10月25确定立项之后，我们就开始完善剧本，壮大剧组成员，从最开始的两个导演到增加三个编剧，然后是秘书处、演员组、舞美灯光等一项项丰富起来。寒假在家的时候，我和另一位导演刘巳林，基本上每天晚上都要连麦四个小时讨论剧本内容，讨论每个角色的心理活动、行动准则，不断地完善剧本。

　　这个经历现在想起来还是让人非常感动的，我觉得我们两个有这么大的热情、这么大的力量去做这件事情，是一件很不可思议的事情，就像那句"热爱可抵岁月漫长"，我们从未感觉到在一个剧本上磨一两个月的时间是否值得，反而乐在其中，所有脑海中的构思，我们都慢慢地将它带入现实、带上舞台，当它们在所有观众面前绽放的那一刹那，我们觉得吃过的一切苦都是值得的。此处请看PPT插图，照片里有定妆照和海报拍摄，引出在摄影工作室工作带来的反馈；《长恨歌》直播组，引出在电视台工作的经历带来的反馈；海报设计，引出在影展作图带来的反馈，以及在影展学到的宣传手段。在做《长恨歌》前期筹备工作的同时，我也在做另一件非常了不起的事情，就是刚刚提到的影展，全称是重庆青年电影展，由我们学院两位非常优秀的老师发起，今年已经是第八年。说起我和影展的结缘，不得不从一次羡慕开始。2019年入学伊始，第六届影展曾招募过一次志愿者，那时我正迷茫万分，没有留意到这些信息，以至于后面看到自己的同学、朋友们穿着影展志愿者服装去工作时，我是真的羡慕，从那时起我就立誓一定要去影展。后来，陆陆续续接触了一些校内的海报设计工作。大二开学后，经学姐内推介绍，我成为影展视觉部的一分子，学姐也希望我在部里面好好表现。在完成分配给我的第一个短视频任务后，周末有两天假期，我就鼓起勇气向部长申请了制作倒计时30天的混剪视频。我花了一个白天加晚上的时间看完了第六届影展的入围影片，在第二天晚上提交了粗剪版本，本以为会被打回来重新修改，没想到策展人看了之后说了一句"剪得不错"，这给了我很大的动力。从2019年国庆假期开始，我几乎每天都背着游戏本上山、下山去办公室工作，熬了无数个通宵之后，最终按时完成了影展所有的物料。当看到自己的设计作品被印刷出来摆在别人面前展示的时候，有一种难以言说的痛快。

再后来，第七届影展顺利结束，话剧完美收官，我接到学长的信息，想让我执导2021年度毕业MV，这个消息让我欣喜若狂。因为这正是我一直以来期待的事情，用镜头去记录光影、用影像的方式传递给周围甚至远方的朋友。

前期熬夜写分镜、构思道具和服装、联络演员，再跟老师们一起协作完成拍摄，跟每一个剧组成员去沟通、讨论拍摄方案。在现场有无数突发事件，需要当场解决，需要考虑时间、可行性等各种因素，有时还要推倒之前的构思，在现场给出新的解决方案。在后期制作中也要考虑整体的完整性而不得不舍弃很多镜头，这样的选择其实是很难的，但是也正因为这样的经历，才让我更深刻地了解了这个行业，了解到行业工作者的不易，因此我也更加喜欢这个行业。当毕业MV在大礼堂循环播放，毕业的学长学姐们看着MV流泪时，我觉得一切的艰辛和努力都值得了。

回首过往种种，每一次的机缘巧合，都是曾经的积累和收获；每一次的付出，都会在未来的某一天回报给自己。所以，各位，趁着还有时间，多尝试、多探索，去做自己喜欢的事情，找到适合自己的路径，把握迎面而来的机会，去释放自己的光芒。

去挖掘你的潜力

新闻传播学院　龙旭

大家好，我是来自新闻传播学院2019级5班播音与主持艺术专业的龙旭，既是2019级5班的学习委员，也是川外广播台2020—2021年校史馆负责人。今天，我想和大家分享一句话——去挖掘你的潜力。

其实，刚进大学的时候，我整个人都处于一种特别迷茫的状态，我最大的感受就是身边的人都特别厉害。有人会跳舞，有人会唱歌，有人会玩乐器打架子鼓，而我只能自称退堂鼓表演艺术家。不过，青年作家刘同曾说过，"谁的青春不迷茫"？迷茫是正常的，而我们要做的就是在大学四年中找到自己的方向。如何找呢？我的建议是多经历，多做不同的事情，多接触不一样的人，去看更广阔的世界。其中，一个很好的途径就是参加比赛。各种各样的比赛大家都可以尝试。

在我的大学生活里，我参加短视频大赛，学会了拍摄剪辑；参加中国国际动漫节声优大赛，从配音小白成长为今年的表演嘉宾；参加主持人大赛，拿到了在电视台实习的机会；参加职业招聘大赛，获得了长安汽车集团、峰米科技等企业的offer；参加创新创业大赛做文创产品，亲身体验了非物质文化遗产的制作过程；参加了重庆市导游大赛，体验了一把免门票、"白嫖"景点的快乐。

参加比赛，一是可以激励我们提前做准备。现在很流行的一种说法叫"躺平"，但是比赛会促使我们动起来，如果不好好准备，登台时就会变成大型社死现场。有人说我现在先不参加比赛，等大二、大三准备好了再参加。但是，你会发现，如果总是用"没有准备好"来当借口，到大二、大三的时候还是会说，我还没准备好，"臣妾做不到啊！"只要我们勇敢地迈出第一步，就是一种胜利。而你会发现，在参加比赛的过程中，通过不断地准备，精心地打磨，你整个人都会得到很大的锻炼。

二是可以结识来自其他高校的优秀同学，正所谓"见贤思齐焉，见不贤而内自省也。"在参加主持人大赛的时候，我认识了法律专业的同学主持法律节目，和南京艺术学院的研究生师姐同台辩论，与浙传毕业的在职主持人交流心得，我深深地感受到了行业竞争的激烈，也促使我在离开舞台后要更加努力地充实自己。在今年的成渝双城经济圈大学生模拟求职招聘大赛中，我们18个总决赛选手，是从16万人中脱颖而出，过五关斩六将，最后才站上了决赛舞台的。他们中有重庆大学的博士生、有愿意扎根乡村的语文老师，还有心系祖国海外利益的安全顾问，看到他们我在想，大学生活原来还能这么过。这个比赛让我看到了当代优秀大学生为就业求职所做的准备，以及大家面对突发状况时的临场反应。当时有一个环节叫作职场游戏，会把七八个选手临时组成一个团队，大家共同完成这个游戏。我所在的组抽到的是理工科题目，需要我们搭建桥梁，刚好我们组就有理工科学桥梁建筑的同学，由他们来担任总指挥，最后我们组顺利地完成了这个职场游戏。比赛结束后，我陷入了沉思，作为文科生，除了逛淘宝算满减活动外，我已经很少接触理科知识或者很少有理科思维了。我觉得不能因为自己是文科生，眼界就局限于文科范围，只了解文科，专注于完善文科体系结构的建构，我们应具备一种开放的思维。例如，我的专业是播音与主持艺术，如果只会主持的话，在比赛中的优势并不大，所以我在比赛中选择的职业是文艺节目主持人，当我把文学艺术与主持能力叠加的时候，我的优势就更大了。所以，大家也可以思考一下，自己的专业能力与什么样的知识相结合，可以达到1+1>2的效果。

三是能够积累经验，让我们的经验值更加丰富。在参加大学生模拟求职招聘大赛之前我参加了非常多的比赛，也积累了很多的经验，它们帮助我在大学生模拟求职招聘大赛中拿到了总分第一的好成绩，让我获得了不少企业的offer。所以，大家不要惧怕比赛，不论是成功还是失败，都会成为我们人生的宝贵财富，帮助我们成为更优秀的人。

最后，希望大家都能在大学四年中找到自己的方向，把自己的潜力最大化，向着优秀的自己不断迈进！

换个方向，遇到更好的风景

东方语言文化学院　陈枳言

各位老师，各位同学，大家好，我是来自东方语言文化学院的陈枳言。现在由我给大家做一个简单的分享。

在分享之前，我想先和大家做一个小游戏。游戏规则如下：请同学们根据我的指令做出相应的动作，但注意，指令前必须加上"小仙女说"。比如："小仙女说，'请举起右手'"，这个时候就必须举起右手。但如果我说："请举起你的右手"，这个时候就不用举手了。大家都明白了吗？那我们开始了。中间插一句：我说……发现有人错了，就可以开玩笑说"我不是小仙女"。

大家都很好奇我为什么要在宣讲之前做这个游戏，其实这个游戏的灵感来自我的一次特殊旅行。而在那次旅行中我最大的领悟就是"换个角度看问题"，也就是"楼梯走累了，不妨爬爬坡"。

这是一个有计划、有目的的行动。我不知道在座的各位有没有这样的感受：在自己真正感受过所有人都吹捧的、轻松愉悦的大学生活之后，发现不是那样的，真正的大学生活比想象中的累得多。我曾经和你们一样深受其苦，特别是在大二的时候，工作很多，学习任务也很重。它们沉甸甸地压在了我的肩上，压得我喘不过气来。经过一番挣扎后，我选择了跳脱出来，换一个学习环境，换一种方式努力。于是，我申请了韩国排名前三的延世大学。因为疫情原因我并没有申请繁华的首尔校区，而是申请了一个依山傍水的城市——

原州。其中也可能有我想通过宁静的乡村环境来提升自我的思考。在这里，我领悟了很多之前不曾领悟的东西。我接触到了很多之前不曾接触的领域。

1.乐观会使生活更美好

刚到韩国的时候，有人问我："去了之后怎么交流呀，会不会生活很困难呀"？其实不然，请允许我再一次介绍自己，我是来自东方语言文化学院朝鲜语专业的小仙女。一个冷知识：朝鲜语=韩语。所以，在我自认为沟通不会有很大问题的时候，现实给我泼了一盆冷水。我发现我只会说，但是别人说的话我不太能理解，这让我有些许焦虑。因为我的目的是来交流的，但现实有点鸡同鸭讲、各说各的感觉。同样的事情发生在我同学的身上。我上的学校是国际班，同学们来自世界各地，但他们对韩语的了解程度仅仅停留在"你好""谢谢""再见"层面，甚至还不如我，但是他们依然很快乐地和每一个当地人交流，保持着一种"听懂一句话就赚到了"的乐观心态，不会因为听不懂而懊恼，遇到不知道怎么回答的时候都说"对不起""谢谢"。当地人都很愿意和他们聊天，后来他们鼓励我加入，于是我发现原来鸡同鸭讲也很快乐，这给我的生活增加了不少的乐趣。

2.不要纠结于无法改变的东西，未来会更好

因为我是交换生，所以还是离不开学习。当选完课程之后，我一阵狂喜：天呐，每天只有一节课，而且一节课只有40分钟，这是中国学生能想象的吗？然后，我每天就只花一点点时间学习，剩下的时间都在想吃喝玩乐，并且在得知期中考试是开卷考试的时候，我的幸福指数到达了巅峰。结果，现实给了我一记沉重的耳光，我有一门功课只得了6分，总分

30分。这实在是打击到我了！痛定思痛，我决定找原因。我发现，考卷上有好多知识点老师都没有讲过。我就以此作为考差的理由并且给老师发了一封邮件。老师一看，不对呀，每个知识点都是讲过的，还反问我有没有把课程视频看完。这一下直接把我问蒙了？什么课程视频？不是直播课吗？后来才知道，韩国的网课是影像结合直播一起上课的。我的一个好朋友安慰我，没关系，不用担心。她很有耐心地给我讲了她的故事，在她的国家，学生都可以不去上课，只要你能够在考试中获得好成绩就行了。她的话确实安慰了我，于是也就没有继续纠结于我漏掉的课程，以及我破天荒的6分。既然无论如何都不能挽回了，那我何必还要纠结呢？不如向前看，考好下一关，在期末考试之前努力背了300多张PPT，终于把我的这门课程救了回来。

3.不要害怕失败与指责，它会让你成长

留学阶段，我认识了许多来自五湖四海的朋友，让我真切地感受到了文化的差异，特别是面对一些负面消息的时候。我们有一门课程叫韩国文化体验，老师真的会带领大家去体验韩国文化。这门课程给我印象最深刻的是一节跆拳道体验课。我自己比较喜欢运动，所以在上跆拳道课的时候就有点突出，当然全靠我的同学们的衬托。他们上跆拳道课的时候显得有些笨拙，教练又比较严格，在做动作的时候教练会很直接地表扬我，这让我有些沾沾自喜。当然，教练也会很直接地批评我的同学们，尽管被批评得一无是处，但他们还是很开心，也会摆摆手说："Nothing!"我就很奇怪，这个时候难道不该有点不高兴，至少也有点窘迫吧。但是完全没有，我就问他们原因。他们也很有耐心地回答我："很高兴老师能指出我的错误，而且是当着全班同学的面指出，这样的话，所有人都会关注我的问题，当我再次犯错误的时候，大家都会提醒我。"我一听顿时震惊了。我怎么就没有想到呢？以至于回到学校后，开始做我们专业学生会工作的时候，因为业务不熟老是被批评，我都很积极地去面对，微笑着听取意见。

4.放弃一些东西，可能收获更多

中国人的哲学就是舍得，有舍才有得。因为留学，我放弃了很多东西，放弃了蝉联班长、放弃了入党的机会、放弃了综测、放弃了一些奖项的评选。但是我一点儿也不后悔，因为我的收获更多。比如，我的心胸更加开阔，得到了暂时喘息后的我现在精神满满，最重要的是，我终于想明白了毕业后的方向，这也是困扰我两年多的问题。

经过这样一段时间的休整，我惊讶地发现：我依旧还走在原来的路上，依旧还是朝着一个目标在前进，我并没有停下、也没有后退。只是换了一种方式，一种更有效率、收获更大的方式。所以，在现阶段，如果你累了，千万不要放弃，换一种方式前进，说不定会遇到更好的风景。

2022年"实践遇见未来"讲演团代表

如切如磋，如琢如磨

国际工商管理学院　唐璇璇

各位同学：

大家好！我是来自2019级国际工商管理学院人力资源管理专业的唐璇璇，很高兴受邀参加本次分享会，今天我分享的主题是"如切如磋，如琢如磨"，这8个字是指把骨头、象牙、玉石、石头等加工成器物。说到玉石，刚好我的名字中含有一个"璇"字，据《说文》记载："璿，美玉也。"而"璇"是"璿"的异体字，我相信父亲在取名时，一定对我有所期待。三年前，我和你们一样，带着满满的憧憬或父母的期待，开启了我的大学生活。回望过去三年，我也是从一颗小石头开始，不断地打磨自己。

大一时的我一心扑在专业课上，总是泡在自习室里。看着室友们积极参加各种比赛，我蛮羡慕的，但仍然自我怀疑、踌躇不前，总觉得自己太过于平凡。等到第一学年结束，我发现她已经在竞赛方面颇有斩获，而我呢？颗粒无收。

最后，尽管我凭借专业成绩缩小了与室友的差距，获得了一等奖学金。但我清楚地知道：我的竞赛领域是一块荒地，需要我付出努力辛勤耕耘。我想，与其看着别人多么地耀眼，不如自己行动起来，看看自己是不是也能发出一些光芒。

于是，我下定决心要做出改变，开始push自己扎进竞赛场：从社团举办的小比赛，到辅导员在群里发的院级比赛，再到各种英语类、演讲类、创新创业类等校级比赛，我发现自己也能发光呀！当然，并非每一次都能稳定发挥。在赛场上，我也会出现因紧张而心跳加速、语速加快的情况。但一次次的试错和实践，让我的竞赛荒地逐渐有了一点点积累。因为我学的是商科专业，当然更多的是商赛成绩。大家介绍如今的我时，可能会说："璇璇就是商赛卷王，好几个商赛都进了国赛，还都拿了一等奖"。是的，我确实很幸运地荣获了一些不错的奖项，但我的回应总是："哎，我只是运气比较好啦，所以一些大佬都喜欢找我一起组队，我只负责增加团队拿一等奖的运气而已。"当然，这是我的自谦而已，现实并非如此。

不知道大家有没有听过一句话，叫作"没有凭空而来的幸运，当你足够努力的时候，你才会足够幸运。"

回忆起一些竞赛细节，我能清晰地感受到每一步走过的路，不是因为幸运而有痕迹，而是因为脚踏实地的实践，才让我的竞赛荒地逐渐有了阳光、氧气和生命。

在浙江宁波参加国际贸易国赛期间，我像陀螺一样一刻都不敢停止转动。我记得当时天气炎热无比，笨重的物品需要我们自己搬运，展位设计也要我们人工布置。直到下午我们终于完成展区布置，简单吃了晚饭之后，又要打起精神为第二天的正式比赛做准备。这个比赛，我是担任全英文产品发布会主持人，这是我第一次穿高跟鞋，不习惯，再加上长时间的站立和走动，导致我的脚酸痛不已，但比赛在即，这些只能抛之脑后。

我记不清从校赛到国赛到底排练了多少次，只记得那晚开始排练时，窗外还能看见橘色的夕阳，等到结束排练合照时已是凌晨，窗外一片漆黑。

好在我们稳定发挥，荣获了全国一等奖。当天下午，我还同时线上参加了招生就业处举办的职业规划大赛，也幸运地荣获了一等奖。校赛的细节就不再赘述，当然不能只靠运气，还需要扎实的专业知识和临场反应能力的加持。

今年暑假，我一边准备保研，一边和团队备战两个谈判赛国赛。是的，朋友们，大四的"老年人"还在卷竞赛，你们也要赶快行动起来呀！回到比赛本身，不知道在场多少同学了解或者参加过谈判赛？没有参加过也没关系，简单来说，商业谈判就是不同经济实体通过沟通、协商等方式在满足对方需求的同时实现自身的最大利益。

第一个比赛分为两场，第一场我们有近四个月的准备时间。得益于学校提供的竞赛平台，让我能够走出重庆，和全国包括北工商、中南大学、南京航天航空大学的团队一起线上连线交流。第二场则压力极大，准备时间也格外苛刻，仅有一个小时。在这种争分夺秒的情况下，话筒还因其他原因没有提前充电，导致偌大的谈判室全靠嗓子输出。加上对手是四位健壮的军校男生，经过一小时的激烈谈判后，我的嗓子"be like：宝娟~"幸运的是，我们拿到了更高的"利益"，两场综合成绩优异，荣获全国一等奖，我还荣幸地被评委老师推荐成为全国优秀谈判手。第二个比赛在11月上旬也圆满落下了帷幕，我们团队依然稳定发挥，获得了国赛一等奖。更让我喜出望外的是，我们以小组赛第一的成绩杀出重围，进入全国总决赛十强精英赛，并在精英赛场上一举夺冠，创造了我校在该项赛事上的历史最佳成绩！

回忆竞赛路上的时光——有疼得打颤的双腿、沙哑的喉咙、凌晨四点的腾讯会议；也有领奖台上的骄傲和写进简历的满足。今天的我站在这里，感谢三年前那个决心做出改变，选择用实践去沉淀的自己。回到我的分享主题——"如切如磋，如琢如磨"，我依然会带着父亲用美玉给我取名的期待，但现在的我更多地是为了满足对自己期待。目前，我已顺利保研至北京外国语大学国际商务专业，在那里我将继续辛勤耕耘，让我的一块块荒地重获新生。我也希望通过我的经历告诉大家，永远别给自己设置边界，迈出属于你的那一小步，在实践中发现更多可能。现在和未来，我们一起加油，野蛮生长！谢谢大家！

行远自迩·笃行不怠

新闻传播学院　武慧宇

大家好，我是武慧宇，来自新闻传播学院2019级广播电视编导专业。很高兴有机会站在这里跟大家分享我的故事。我选择"行远自迩·笃行不怠"这个主题，意思是指：君子实行中庸之道，就像走远路一样，必须要从近处开始；切实履行所学，不倦怠，从而做到"知行合一"。接下来，我从剧组实践、竞赛、专业实习三个板块与大家一起分享。

我学的是广播电视编导专业，这是一个极其注重实践、与影视行业无限贴近的专业。在过去三年里，我参与了很多剧组的拍摄活动，作为主创成员制作了纪录片、短片、话剧、综艺，等等。

　　大二下学期，我开始组队拍摄纪录片。最初的选题是很困难的，我们团队共6个人，而且全是山西人，偏偏想拍一些具有重庆特色的东西。从地面上的坡坡坎坎，街边的烟火小吃，到隐蔽的地下通道，我们反复推翻又重来，最终选定了极具历史文化气息的人防工程，也就是防空洞。我想重庆的同学们应该有所了解，它是战时为了躲避敌人战火所修建的防御工程。我觉得这是非常值得讲述的故事，因此，我们从重庆大轰炸讲起，讲到当下的发展，最后是将来的传承和创新。我们选取了Caver酒吧、建川博物馆及李子坝小卖部三个场所作为主要拍摄点。李子坝小卖部在"轻轨穿楼"景点的下面，我们了解到小卖部所在的防空洞全长有300米，大家可以去到的是已经开发出来变成小卖部的150米，而另外150米还处于黑暗中。我们觉得这是一个很好的切入点，于是我们专门走进去探险剩余的150米，这里给大家准备了一些片段。

　　第一次走进去的时候，我们很害怕，手机在里面是没有信号的，由于长时间的密闭，越往深处走，待的时间越久，人越来越会感到缺氧，以至于我们再次去拍摄的时候，还专门买了氧气瓶，派了同学在外面接应。当然，氧气瓶最后并没有用到。这部纪录片的拍摄总体上比较顺利，还在很多专业竞赛中获了奖，也算是对我们几个月全身心投入的肯定。

　　虽然拍摄已经过去很久了，但现在回想起刚走进防空洞的时候，仍然有一种穿越的感觉，它像一个历史和现实的交会点，在当下仍然原封不动地保留着过去的痕迹。我觉得这是一次很奇妙的探索。

我参与的话剧叫《明德秘史》，这是我们编导专业建系十周年的特别节目，2022年5月已经在校内巡演过两场了，感兴趣的同学可以去B站搜索观看。2021年寒假，导演找到我，并邀请我一起创作这部话剧，由我担任制作人，主要负责预算控制和其他统筹性工作。我们这个团队从最初只有导演、编剧等四五个人起步，发展到现在已有宣发组、舞美组、灯光组等专业小组，俨然是一个人员构成丰富、品类齐全的大剧组了。

我还记得演出前，道具组的同学们在舞台上反反复复地给道具定点，跑得满头大汗；我还记得在演出前一天，我们坐在黄色幕布下缝缝补补，站在道具屋檐边系好又拆掉，生怕不对称；我还记得大家为了更好地呈现花瓣从天而降的效果，凌晨两点还坐在舞台上用手撕花瓣，让它变得更小更细，以便更散、更流畅地从花瓣机掉落下来。演出的那个晚上，我们看着幕布和屋檐慢慢升起，花瓣纷纷扬扬飘落，感觉一切都值了！

我觉得，大家怀着对创作的热爱，对舞台的憧憬聚在一起，为了共同的目标努力，这是一件非常温暖、非常值得骄傲的事情。

在竞赛方面，我最早参加竞赛是在大一时。同社团的学姐邀请我加入他们的"互联网＋"团队，他们的项目先前参加了三创赛，已经具备了相对完整的项目书和业务板块。而我是半路加入，并没有深入参与前期项目书的撰写，更多地是在原有基础上进行调整优化，撰写脚本和拍摄视频。但不管怎样，这都是我第一次正式参与团队竞赛，就这样我懵懵懂懂地打开了大学期间创新创业比赛的大门，也凭借这个项目分别在"互联网+"和挑战杯创新创业大赛中斩获了重庆市银奖和铜奖。

到了大二，我主动参与了两个创新创业项目。遗憾的是，其中一个项目没能冲进市赛，而另一个只斩获了当年"互联网+"竞赛铜奖。这两个项目的结果让我备受打击，而且很不甘心，加上我本身对做项目很有兴趣，因此在大三时，我选择了继续。幸运的是，我遇到一群志同道合的小伙伴，我们一起前往石柱县、忠义乡等地进行调研，走进中小学开展活动，经过小半年的打磨，"行走的24节气"项目诞生了。

从校赛第十几名艰难进入重庆市赛，再到重庆市赛总排名第六，拿到全市唯一一个大满贯成绩冲进国赛，最终我们斩获了三创赛全国总决赛一等奖。

与此同时，在大二时获得市铜奖的那个项目也被重新拾起。今年，我们带着它一路披荆斩棘走到了"互联网+"国赛评审阶段。在过去三年，我参加创新创业竞赛也充满了坎坷和起伏，但是吸引我不断地参加的原因，就是在竞赛过程中可以不断地收获新朋友，对个人组织能力、沟通能力、团队协作能力等多方面的锻炼，这些必须是在实践中慢慢累积的。所以，我建议大家积极参与各种不同类型的竞赛活动，在实战中不断进步。

最后，我想跟大家分享我的专业实习经历。我有过川渝春晚、腾讯、重庆青年电影展，以及我的家乡山西省太原市委办公室等多段实习经历，印象最深的是影展。

在大二时，我加入了重庆青年电影展，影展由我们新闻传播学院两位老师发起，现已发展成为一个市级电影节活动。

大一刚入学，我就对影展很感兴趣，但是报名志愿者需要提供简历、参与面试，我当时没什么信心，再加上时间紧张，就没有参与。到了大二，我就积极投递简历，并顺利加入影展媒介运营部。我们部门主要负责对接各大媒体和kol，邀请他们参与影展主体活动、开展映后采访等。尽管活动只有短短7天，但是我们筹备了好几个月，在工作中我认识了很多身怀各种技能的朋友，也从媒体老师身上看到了他们的专业素养，还看到了映后交流时导演对创作的热爱和真诚，更多地看到了跟我一样的志愿者们，大家来自全国各地，年龄不同，职业不同，都怀揣着一份热爱聚在这里，为影展发光发热，这是非常令我感动的。

最后，我也很荣幸地留在了影展，接任了一年部长。当我与各大媒体达成合作的时候、当我看到我们部门的员工跟我分享他们在媒介运营部有获得感、有所成长的时候，这种幸福感是难以言说的。

以上就是我全部的分享内容，希望能给到大家一些帮助。今天，我的分享意不在于鼓励大家像我一样去参加某项活动、去获得什么奖项，只想跟大家分享：大学是极具包容性的，这是一个不断摸索、解惑、试错的过程，要勇于去尝试、去打开自己，在探索中找到自己的热爱，尽情享受未来的四年大学生活。谢谢大家！

忠于热爱，勇敢迈步

东方语言文化学院　吴沛洋

大家好，我是2019级东方语言文化学院朝鲜语专业的吴沛洋。今天，我分享的主题是"忠于热爱，勇敢迈步"。我是2021年2月以交换生身份去韩国学习交流了一年，接下来我想和大家分享的就是这段交换生经历。下面，我将从出国的原因、在韩国的学习、生活，以及这段经历带给我的启示几个方面给大家讲述我的故事。

请看这张PPT，我出国的原因主要和这张图有关，相信有的同学已经看出来了，我的梦想是成为一名优秀的口译员。那么，口译员最基本的要求是什么呢？口语肯定要很好，对吧？其实，我和大多数中国学生一样，在学习外语这条路上最大的困难就是口语，一离开稿子我就不敢说话。这个问题困扰了我很久，直到大二上学期出国交换通知下来了，我心想：啊，我的口语终于有救了！除了口语，我还想感受一下韩国文化、体验一把韩国生活，结交几个韩国朋友。所以，综合考虑之下，我选择了大二下学期和大三上学期出国交换一年。

接下来，我想给大家分享一下我在韩国的学习情况。我是在韩国外国语大学上的韩语学院，就是各个国家的人一起上韩语课，上课的人比较少，但是中国人的比例还是蛮高的，我们班10个人就有4个中国人。因此，为了避免讲中文，逼自己说韩语，上课的时候我都尽量挨着外国人坐。班上的同学大都来自不同的国家或地区，他们都非常友好，而且口语一个比一个好。我印象最深的同学是一个日本妹妹，比我小三岁，但是口语比我好太多了。于是，我每天都注意观察她怎么学习、怎么发言。其实，她的口语并不完美，会有一些语法错误，也会用错一些单词，但是她不在乎，她只在乎她的想法有没有清晰地表达出来。这个态度是我当时并不具备的，于是我开始有意识地改变自己的心态。上课的时候，只要老师一提问，我就会举手回答问题。刚开始，我还会在纸上打好草稿再举手，逐渐地就只在脑子里打草稿，后来就不怎么打草稿，可以边想边说了。这个过程大概经历了两个月，我感觉自己的口语有了非常明显的进步。这门课程给我带来的最大好处，就是它能让我自信地开口了。我们班上的同学都是外国人，外国人之间交流都不太在意对方犯的一些语法错误，而更在意对方的想法和想要表达的观点，所以这个课能让我更加自信地开口，勇敢地表达自己。我觉得这是一个非常不错的平台！

　　接下来，我想与大家分享一下我在韩国的生活。我在韩国最大的兴趣就是交朋友，我交到了很多不同国家的朋友，比如韩国、日本、意大利、巴西、泰国等国家的友人。其中，和我玩得最好的一个外国朋友是外大金融专业的学生，她辅修中文，我们结交的方式也比较有趣。我记得有一天早上八点钟，我去休息区热饭团，听到一个韩国人在旁边很大声地读中文，而且发音不太标准，我觉得她好可爱，就主动上去和她搭讪，没想到她比我更热情，马上邀请我做她的语伴，于是当天中午我们就一起约着吃饭了。我以为她会像我的其他韩国朋友一样，吃几顿饭就会消失，但是后来她每天都来找我，带我去吃学校附近的美食，吃完饭带我去散步，在生活上也给了我很多帮助。比如，帮我一起租房子，一起打扫卫生，教我怎么去医院等日常事务。我印象最深的是，她邀请我暑假去她釜山的家里玩。因为我跟她说过我家在四川成都，没有看过海，我想在韩国看看大海，于是她就邀请我去她家玩了。去的时候，我受到了她父母非常热情的款待，她妈妈听说我喜欢吃水果，于是提前买了好多水果放在家里等着。大家可能都知道，韩国的水果特别贵，一个普通西瓜就要一百多元人民币，所以当时我特别地感动。还有一件比较难忘的事，就是我亲手做了紫菜包饭，紫菜包饭是韩国人非常家常的一道菜。虽然在大一的时候，我在川外实践周体验过，但是，这是我第一次在韩国人家里做正宗的家庭版紫菜包饭。我记得走的那天，她妈妈还给我塞了一个白色的信封，我以为是明信片之类的东西，就很开心地收下了。结果回去打开一看，居然是5万韩元现金，把我感动坏了。我才第一次知道韩国的红包是白色的，也算是亲身体验了一把文化差异。总之，我非常感激能交到这么珍贵的一个韩国朋友。我在韩国，除了上课，就是和她在一起的时候说韩语最多。所以，在她的帮助下，我的韩语有了很大的进步。

最后，我想给大家分享一下去韩国交换这一年给我带来的一些思考。一是心态：记得大一的时候，老师跟我说过这样一句话，"学习外语做翻译需要一个平和的心态。"当时不是很懂，出国之后我才慢慢理解了这句话的真正含义。了解、掌握了一门外语之后，我们就很容易在外国或者中国互联网上看到一些不同国别的人们之间互相攻击的言论，相信大家都有所感触。我们学外语做翻译首先应该排除这些负面言论给我们带来的一些负面情绪，去思考背后的原因是什么？不同国别的人们之间互相攻击是历史原因？或是政治原因？或是社会文化的原因？这些都需要我们超越情绪去理解。并不是你怼了我，我就要怼回去，这是不可取的行为。二是尊重：我在国外遇到很多来自不同国家或地区的人，他们的文化和历史，我们可能不太喜欢或者不太理解，但是他们是一个个具体的人，我们首先应该保持对他们的尊重，这样才能得到他们的尊重。我认为不管是人与人之间，还是国与国之间，尊重都是相互交往的前提。并且，我觉得在国外更要注意自己的言行，因为个人行为很可能被上升到国家层面。所以，身处异国他乡，我们一定要注意自己说了什么、做了什么，展现出我们应有的风范。三是收获：我觉得出国交换这段经历，对于我来说是很值得、很难忘的一段经历。首先，我实现了锻炼口语这个目标，但比起提升口语，我觉得更大的收获是在韩国的所见所闻，以及交到的朋友和留下的美好回忆。并且，这段经历也让我更好地了解了韩国的社会文化，这对于立志成为一名韩语翻译的我来说，这可是很大的助力。同时，这段经历也能让我更加从容自信地去成为中韩沟通的桥梁，让我更加自信地用韩语去讲好我们的中国故事。所以，我非常感谢当初做出这个决定的自己。

最后，我想通过这段经历告诉大家，如果你非常热爱一件事，那就不妨先迈出第一步，只要你勇敢地迈出了第一步，不管结果如何，我相信你都会有所收获。以上就是我分享的全部内容，谢谢大家！

执着于理想，纯粹于当下

法语学院　刘西龙

各位同学，大家好，我是来自法语学院2019级的刘西龙。首先，要感谢学生处的邀请，让我能在这里给各位大一的同学们做一个简短的分享。今天，我分享的主题是个人的学业规划和心路历程，希望能给大家提供一点参考。

首先，我想简单地介绍一下我的个人情况。我的本科是法语专业，一门并不怎么浪漫的语言。从零开始接触一门全新的语言并不是一件很容易的事情，所以为了学好这门语言，也为了实现我的个人目标，在本科阶段，我为学业付出了很多的心力，专业成绩位列年级第一，积极参加各种实践比赛、考级考证。在此基础上，我选择了冲刺保研，并在推免选拔中收获了5所院校的拟录取，最终我选择了复旦大学法语语言文学方向继续深造。

2019年刚入校的时候，我终于体验到了无拘无束的大学生活。同时，摆在我面前的是一条完全未知的道路，既要应对繁重的语言学习课程安排，又要适应全新的生活环境，这确实不是一件容易的事情。

我记得正式上课的第一个月基本上都在学语音，也就是最基础的拼读规则。有些同学入门很快，而我属于入门比较慢的类型。开学不久的实践周，我们院还举办了比赛，当看到其他同学才学了一个多月就可以上台落落大方地用法语参加比赛，而我只能在台下当一名观众时，个中滋味，特别难受。

这是我进入大学的最初记忆，也是一段关于挫败感的经历。我自然而然地陷入了一种迷茫状态，我想这也是很多同学正在经历的状态。接下来，我想谈谈我是怎么度过这个时期的。

第一，首先做好当下的事情。

我做的第一个决定就是首先做好当下的事情。人们常常说某人做事很成熟，这类人往往有一个共同特点，即他们遇到难题踌躇不前的时间，比同龄人短得多。我们都知道，负面情绪不能推着人前进，只会减缓解决问题的步伐。

但是，这种"迷茫感"是一个非常重要的信号，它提醒我：以前的思维惯性现在不管用了。意识到这一点，就要及时把自己从消极情绪中抽离出来，并将专注力放在当下。

对大一的我来说，这件事情就是——学习。当我意识到自己学习上还有努力的空间时，那就没什么好说的了，我必须付出更多的努力去查漏补缺。我记得当时连学校的路都还没怎么摸清楚，一大早就爬起来到处找地方自习。投入精力认真学习之后，我逐渐找到了自己的节奏，也正因为有这样的底子，我才能从大一开始就一路稳住我的排名。

第二，找到属于自己的"内驱力"。

但是，做好当下的小事，并不能从根源上解决问题，最终你还是要找到适合自己可以长期努力的方向。讲到这里，我不由自主地想起最近经常有人问我的一个问题：为什么选择保研这条路？

这个问题要从大二说起。我们学院设有一项系友奖学金，是按照前一学年专业课成绩来评定的。大二初次评奖时，我发现，"欸，我居然排第一？"当时恰逢川外法语专业成立60周年庆典，我作为志愿者参与了系庆筹备工作，近距离地接触了非常多的优秀前辈。我看看他们，再看看自己，开始思考：我要努力学好这门语言，那然后呢？

深思熟虑之后，我选择了冲刺保研，想在法语这条路上走得更远，因为这是既适合我而我又擅长的领域。不知道大家有没有听过利用大脑的奖赏机制让人对学习上瘾的说法，当我找到了适合自己的方向又能在此领域取得一些成就时，这种正向的内驱力就成了我的动力来源，一路支撑我走到最后。

第三，少一点忧虑，多一点实干。

当经历了前两个阶段之后，我发现做事已经有了一种水到渠成的轻松感。因为这时的我已经有了清晰的个人规划，剩下的就是朝着这个目标付出我所有的努力。当然，话说起很轻松，但做起来着实不易！

想必大家都知道，要想成功保研，那么整个大学生涯都要时刻保持优秀，而且要提前做好规划，因为稍有不慎，几年的努力很可能会付诸东流。在这一段漫长的求索路上，我其实并没有什么特别大的困难或者印象特别深刻的事情。现在复盘前三年的经历，首先我会想起山下"快乐食间"、大一时我常去早自习的角落，或者每晚十点图书馆的闭馆音乐。正因为每一天的坚持、每一天的积累，都让我一点一点地接近我的目标。

当然，这绝不是提倡所有同学每天都要从早学到晚，我只是想以自己的经历现身说法，告诫各位同学不要相信什么"学霸滤镜"。就我个人来说，我只是对自己规划清晰，规避了许多同龄人的通病，即"想得太多，做得太少"。没有人能在最开始的时候就规划好一切，我和在座的学弟学妹们一样，都是带着懵懂进入校园的。一开始，我也没有什么远大的抱负，只想简简单单地学好法语，所以我在学习上付出了更多的努力。之后，我开始给自己立下一个又一个的目标。比如，给自己开列不同研究领域的待读书单、参加专业竞赛、担任志愿者等方式不断丰富自己的履历。因此，在不同阶段有不同考虑是再正常不过的事了，如果大家还处于迷茫状态、找不到方向的话，不如先行动起来，然后再做打算。各位大一的同学进入校园已经有一段时间了，而且在这短短的、不到一学期时间之内，相信大家已经经历了不少的波折。不可否认，现在的大环境对大学生来说并不乐观，不管是升学还是就业，一年比一年卷，甚至想要体验一个正常、完整的大学生活都变成一件很奢侈的事情。但是，越是这种时候，越要选好自己的赛道。别去纠结校外发生了什么，要把你的宝贵精力放在学习上，静下心来想透彻自己究竟要去向何方，然后在一次又一次的尝试中不断地调整自己的人生规划。如果能做好这些，你就已经超越很多很多人了，因为人生最重要的不是你所处的位置，而是你选择的方向。

向外探索，向内生长

英语学院　王翌多

大家好，我叫王翌多，是一名英语学院的大三学生。和其他学长学姐不同，我只有不满三年的大学经历，但我已经做好了准备，究其缘由，我的秘诀可以概括成八个字——"向外探索，向内生长"。今天，我想把这八个字送给每一位希望"遇见未来"的你，预见未来，才能更好地遇见未来；心中有光，亦能成为他人的光芒。接下来，请大家跟我走进今天的分享。

一、开阔视野，向外探索

首先，什么是"向外探索"？向外探索一切的可能，汲取外界的知识和信息，向自己所选领域的大佬学习，为自己赋能。不断挑战自己的舒适区，不断地获得更大的进步。向外探索是为激发自己的无限可能，在实践中遇见无数个惊喜的自己，并以此探索自己真正的所想、所求、所爱。

两年前，入学伊始的我对大学生活充满各种好奇，走过歌乐山，漫步小铁路，甚至感叹过字母广场的巍峨壮观。但好奇往往也伴随着迷茫，在大学第一堂课上，老师声情并茂地讲述着英语专业未来的无限可能，语言可以是工具，辅助我们投身于伟大的社会主义事业；语言也可以是一种武器，我们则是战士，以笔为剑，以墨为锋，以字为刃。我的前途在老师的描述中是那样美好，可我又常常困惑于人生三问："我是谁""我从哪里来""我要到哪里去"？当我时常愧疚于自己的渺小和微不足道之际，心中慢慢地浮现了另一个声音：开放视野，向外探索。

　　首先，我采取多线并行、多维成长的策略，只为探索我的真正"所求""所爱"。大学前两年的时光见证了我参加学生工作、统揽大型活动，参加各类赛事、在全国舞台上用外语发声、投身创新创业、坚守志愿服务一线、奔波于社会实习实践的征途。现在的我，深刻体会了"跳出自己的舒适区，你才能野蛮生长"的真正意义，因为我们有无限可能，所以我们可以有无限未来。印象最深的是参加英语演讲比赛，我在大一的时候就有一个梦想，希望有一天能站在舞台上用外语为祖国发声。于是，我从英语演讲的基本知识学起，开始参加各种演讲比赛。比如，综合技能大赛、"亚运之星"英语演讲比赛、"策马杯"英语公众演讲比赛等赛事，见证了我从演讲"小白"的点滴成长，也让我进一步意识到自己对英语演讲的真正热爱。用外语讲好中国故事，传递中国声音，是我义无反顾、无比热爱的选择。其次，还需虚心请教，时常保持与前辈的交流。探索真正热爱的道路往往是寂寞的，只有自己才能真正体会那种战胜苦难、可抵漫长岁月的快乐；但探索之路并非僧人的孤独苦旅，不期然间总会在路上遇见一束束光，照亮身陷泥沼的我们。和老师交流、向前辈请教是我长期保持的好习惯，他们的点拨总会让我生出醍醐灌顶、恍然大悟的感觉。在这里，我想感谢两位老师、一位学长。第一位是我的辅导员——刘敏老师，她总能预判我的所思所想，每当我处于困惑的时候，一则消息、一通电话、一次促谈便能打消我心中的种种疑虑。第二位是引领我走出舒适区的人生导师——招生就业处兰雪芳老师，在她的帮助下，我第一次勇敢地登上了全校舞台、第一次站在重庆市各大企业HR面前展示自己，我还学会了书写简历、面试问答等技能，这些机会都不是凭空而来的，是我每一次微信聊天框里的虚心请教，是每一次机会的主动争取。第三位是今天分享会的另一位分享嘉宾——刘琦学长，他是我的"哆啦A梦"。其实，我是一个不善于做决定的人，所以每当半夜emo的两难时刻，我一条微信过去，他总能从他的百宝箱里翻出答案并给出具体分析，帮我迅速做出抉择。请大家一定要记住，当你满身疲惫、身陷泥沼时，除了可以仰望星空，不妨请教那些曾在泥沼地里拼搏过的前辈，他们或许无法亲身体会你现在的迷惘与苦楚，但他们的亲身经历将是伴你走出泥沼地的那一束束光。

二、坚守初心，向内生长

何为"向内生长"？我认为是向内求取，不断地追问：我追求的到底是什么？毕业后五年、十年甚至更久，我将过上什么样的生活？为了过上那样的生活，现在的我该做出哪些努力？我现在做的事情，能否让将来的自己过上那样的生活？其实，"向内生长"是在探索路上确定自己的真正"所爱"，并坚守这一初心、为之不懈奋斗，此所谓"明确初心、向内生长"。

那么，该如何实现"向内生长"呢？

首先，要找到支撑自己的坚实土地。赫尔曼·黑塞在《德米安》中写道："对于每个人而言，真正的职责只有一个：找到自我。然后在心中坚守其一生，全心全意，永不停息。"有的同学是幸运的，他们能很快地找准自己未来的人生目标，并坚定不移地实现这个目标；也有许多同学是迷茫的，不明白自己真正喜欢什么，所以什么都去尝试，最终也走了不少弯路。从某种角度而言，越早确立目标是一件好事，因为可以节约更多的时间与精力。可是，换个角度想，每个人的人生都是独立的跑道，花费一定的时间和精力去拓宽生命的宽度又有何不可呢？我只是希望大家在不断做选择的同时，能找到支撑自己的坚实土地。大一的时候，我觉得自己将来会做一名扎根基层的乡村教师；大二的时候，因为在学生会工作，我的目标是成为一名高校行政岗教师；当得知外交部遴选机会的时候，我又想成为一名外交官；现在的我又逐渐沉浸于外国文学，享受阅读的惬意时光，探索罗素笔下的幸福之路，体会乔叟的现实主义文笔，找到学术兴趣的我又想成为杰出的科研人才。在这期间我还经历了许许多多的其他事情，遇到了一些人，一点一滴的影响汇聚最终成就了现在的我。当静下心来，慢慢回顾过去的时光，我发现自己每一个目标的设立都基于一个核心点，那就是想为这个世界做点什么、想去拥有改变世界的能力、想去成为人类的璀璨群星。于是，我不再犹豫，决定去追寻所仰慕之人的步伐，希望通过自己的努力能影响到其他人，希望能去更广阔的天地发挥自己的价值。

其次，"向内生长"，我选择坚守初心，并为此长期奋斗。

经过深思熟虑做出决定之后，不必再去设想另外的道路。我曾身陷两难的境地，在外交部遴选与学术深造之间徘徊不定。还记得那个夜晚，打了无数个电话，请教了诸多前辈，最终我坦然地选择了理想之光——学习深造，继续探索学术之路。如果你问我是否后悔？我想说，肯定有，但我也想说，世界上最不缺的也是后悔。世界上从来没有哪条路是轻松的，要想取得伟大的成就必定会承受莫大的苦难，如果这时候再去回顾之前的选择，你会觉得"如果当初选择了另一条路，就不会受那么多苦了"，其实，这种情况只存在于人的想象之中，人生本来就是由苦难与幸福交织而成，正因为苦难的存在，幸福才有了意义。王尔德曾说，"我们都在阴沟里，但仍有人仰望星空"。当你痛苦时，可以多多回想做出这个选择后所遇到的美好事物，以及自己最原始的初心，然后做出真正属于自我的选择。

在分享的最后，我选择歌德《浮士德》中的一句话赠给大家，"人是只须坚定，这世界对有为者并不默然"。大学教会我的、最深刻的一点，就是人是不断成长与改变的，不必急于去否定任何一种可能性。无论在大学的哪个阶段，自我的突破与成长都是永恒不变的主题，因为这是生命赋予我们的使命。希望学弟学妹们珍惜大学四年的时光，勇于探索未知的领域，敢于拓宽生活的边界，奔赴更加广阔的天地，寻找更加真实的自我，并将这种求知欲一直延续至今后的人生，用我们的一生去诠释生命的意义。不断向外探索、不断向内生长，用共同的坚持，让你我一起变得更强大，创造更多的价值与美好！

12

第十二章

展望篇

社区文化育人
的未来

社区文化育时代新人，是以习近平新时代中国特色社会主义思想为指导，深入学习贯彻党的二十大精神，从"培养什么人、怎样培养人、为谁培养人"这一根本问题出发，站在确保中国特色社会主义事业后继有人的政治高度，为推进高等教育治理体系和治理能力现代化、为扎根中国大地办好中国特色社会主义大学延伸实践路径、夯实内涵支撑，回答好新时代育人命题这一终极目标，四川外国语大学以"川外学生之家"和"歌乐书院"为依托，深化"一站式"学生社区综合管理模式，进一步发挥社区文化育人作用，竭力将学生社区打造成为党建引领前沿阵地、构建新时代"三全育人"实践园地、创建平安校园样板高地。不断激发工作活力、释放工作效能，全面提升高校思想政治工作质量，让育人力量、育人资源源源不断地汇聚到"一站式"社区文化洪流中，推动学校内涵式发展，服务学生成长成才。

建设成效

一、全方位贯通，构建联动育人机制

学校在社区文化育人工作机制的探索中，初步形成了"12356"模式。该模式是在五育背景下与学校国际化人才培养需求相融合，以文化人、以文育人，紧扣学生成长成才需求，充分整合育人力量、育人资源，强化思想引领，推进学风建设，构建学校育人机制，增强靶向育人供给能力，实现育人载体的全覆盖，打造共享开放多元服务格局，努力做到协同育人。同时，充分发挥学生的主体作用，把握大学生社区文化育人的需求，在社区文化育人建设和管理中，促进大学生的成长成才，为大学生成长成才提供良好的服务环境。

"川外学生之家"和"歌乐书院"作为"一站式"学生社区的两大平台，突破了传统育人阵地的桎梏，是新时代育人机制的创新，是全员、全方位、全过程、全时段育人新举措。"川外学生之家"是积极探索"互联网+学生社区"融合式思政教育品牌，应努力增强思想政治教育的针对性、实效性和生命力。坚持"一体两翼"的发展构想，即坚持"全员、全方位、全过程"育人理念，围绕"聚焦学生、服务学生、引领学生"这一工作主线，完善线上"川外学生之家"微信公众号的维护和推进线下"川外学生之家"家园建设，努力打通思政育人"最后一公里"。

"歌乐书院"是在"新使命、大格局、新文科、大外语"背景下，"深化专业改革，结合社会发展新需求、学科交叉融合新趋势、科学研究新成果，加强传统文科专业内涵建设，建设新兴的文科专业。"将新文科建设理念贯穿育人全过程，深化教育教学改革，构建权责明确、运转协调、精简高效的管理体制，培养符合新时代要求的高素质、高水平、应用型、复合型文科人才，全面提高学校人才培养质量。

二、全方位衔接，实现六进社区同频共振育人效能

学校立足于时代育人要求、高校育才方向和学生成长需求，通过衔接六进社区活动，旨在高校多元文化的浸润下开展富有思想性、时代性、针对性、亲和力的大学生思想政治教育工作，焕发社区文化活力，涵养学生文化素质，提升学生文化认同感，培育时代新人。

通过六进社区，形成资源汇聚，打通育人环节，贯穿育人链条，实现育人力量的同频共振。一是党建引领进社区，在"川外学生之家"建立功能型特设党支部，将思政专家研读习近平总书记重要讲话精神、支部书记讲党课、党员先锋模范引领等下沉到学生社区一线；二是红色文化进社区，坚持以文化人、以文育人，深耕学生文化自信，打造品牌活动，讲好川外"双红"基因故事，从军大传统出发协同中华优秀

传统文化，培育时代新人；三是优良学风进社区，推动学业规划与专业引导相结合，为低年级学生营造良好的学习氛围，提高交叉学科互助交流、生涯规划等指导，为高年级学生提供个性需求发展；四是健康心灵进社区，坚持"育人"与"育心"相结合，积极拓宽育人空间，建立川外大学生心理健康教育中心，更加高效、快捷、精准地提供心理咨询服务；五是朋辈互助进社区，以同龄人角度在学生之间形成互助学习新风气，构建全方位、多样化的示范引领作用；六是文明涵养进社区，"以文育人、以德育心、以身作则、以己度人"，将文明涵养落实落细，养成良好行为习惯。

三、全方位夯实育人基础，形成同心同向同行的育人合力

整合全校资源，凝聚全员合力，同心同德打造"一站式"学生社区综合管理模式，开展学生社区生活、学习、交往、组织、实践等多种主题活动，推进学生社区文化育人常态化机制化，打造学生社区前沿阵地，凝聚育人共识、挖掘育人要素、形成育人合力，进一步完善"自我教育、自我管理、自我服务、自我监督"的育人体系。推动育人力量、育人资源的全方位整合联动，有利于激发"三全育人"工作机制的生命力，形成同心同向同行的育人合力。

发展趋势

四川外国语大学坚持在体制机制、经验举措、方式方法等方面的探索创新，致力于打造符合中国特色社会主义、贴合思想政治教育引领要求、契合学生成长成才所需的"一站式"社区文化。

一、提高治理效能，拓展育人"广度"

在移动互联网、大数据和云计算等科技不断发展的背景下，社区文化育人应着力加强信息化建设，通过不断深化"川外学生之家"精准人物画像、成长档案、搜索记录等模块，科学分析、总结学生成长规律，提升思想政治教育工作的精准度和效能；加强社区文化育人数字化平台的综合集成，推进"川外学生之家"线上线下平台的深度融合，切实践行"一线规则""一站式"服务，尽量让学生的事务性需求能够一次性办结，提升学生的体验感、获得感及幸福感。

二、提升融合赋能，潜耕育人"深度"

依托"歌乐书院"和新文科建设的多元融合赋能，为社区文化育人提供坚实保障。发挥"歌乐书院"自身的教育属性，将知识育人与空间育人、文化育人等有机结合，通过重组传统的专业布局，优化专业结构，打破学院、专业分科治学、分科育人的壁垒；汇聚优质教学资源，着力培养具有国际视野、创新精神和家国情怀的高素质复合型人才，提升学校内涵式发展。

三、提振发展动能，打造育人"高度"

站在新时代的起点上，社区文化育时代新人应立足于中国式教育现代化，确保中国特色社会主义事业后继有人的政治高度，加大社区文化建设，实现社区文化育时代新人的高质量可持续发展。不断完善各类制度、体系，提高社区文化育人的科学化、标准化。加大资源配置力度，不仅综合利用校内各项资源，还需探索引入市场和社会资源进校园；提高资源配置效率，提振发展动能，让社区文化育时代新人形成新时代中国特色社会主义大学育人的新范式、新经验。

后　记

　　本书系"四川外国语大学新文科建设系列丛书"之"新文科建设：以文化人系列丛书"之一，也是苟欣文教授领衔的2020年度重庆市高校思想政治教育工作精品项目""文化育人"之"大学生社区育人"课题的最终成果。同时，还是四川外国语大学2022年校级科研项目《"五育并举"背景下，外语院校"一站式"学生社区的构建体系和实践路径探索》（SISU202241）和2023年重庆市高校思想政治教育工作质量提升项目《五育背景下"学生之家12356"社区文化育人模式的构建与研究》课题的阶段性成果。

　　本书初步总结了自2015年9月以来，四川外国语大学以"互联网+学生社区"线上线下家园融合式思政教育平台——"川外学生之家"的实践情况，全方位地呈现了学校社区文化的育人初探、育人机制、育人实效，集中展现了近年来以线上线下"川外学生之家"社区建设为核心，汇聚融通校内校外育人资源、育人力量的全方位整合联动，打通立德树人"最后一公里"，探索五育背景下"12356"学生社区文化育人模式，充分发挥融入式、嵌入式、渗入式社区文化育人协同效应，是四川外国语大学全面开展"一站式"学生社区综合管理模式的有益探索。

　　本书是四川外国语大学长期从事高校思想政治教育工作者集体智慧的产物，是四川外国语大学全面开展"一站式"

学生社区综合管理模式建设的有益探索。全书由崔光军、朱磊负责构建框架、撰写序言和全书统稿工作，何敏、冯波负责指导修改，朱磊负责撰写第四、第十一章，李超负责撰写第一至三章，胡敏、梁静、王岩、李超负责撰写第五至十章，王岩负责撰写第十二章。本书在编写过程中得到校领导的充分肯定和支持鼓励，同时还借鉴了其他高校思想政治教育专家的理论研究成果、校内部分优秀实践案例和"实践遇见未来"分享会演讲稿实录，在此，一并向他们表示诚挚的感谢！

本书编者队伍整体年轻，水平、能力、经验有限，难免存在疏漏之处，敬请各位同仁、读者能够包容且不吝赐教。站在新时代的起点，四川外国语大学将继续秉承"团结、勤奋、严谨、求实"的优良校风，弘扬"海纳百川，学贯中外"的校训精神，形成"国际导学、外语共核、多元发展"的办学特色，开拓"内涵发展，质量为先，中外合作，分类培养"的办学路径，全方位地投入社区文化育人建设，不断开拓创新，探寻社区文化育人新路径，展现社区文化育人新风尚，实现社区文化育人新成效。

在编辑过程中，为了"原汁原味"地展现育人实践和实效，本书在保持思想一致性和连贯性的基础上，仅对某些案例表述不当之处进行了凝练，还请各位读者理解。